Authentische italienische Küche

Deine kulinarische Reise durch die 20 Regionen Italiens mit lokalen, einfachen Rezepten aus dem Mittelmeerraum zum Nachkochen und Genießen.

Giovanni Mancini

1. Auflage
2022

Inhaltsverzeichnis

Deine Reise beginnt

Chi sono? Wer bin ich?
Ein Träumer, ein Reisender, ein Genießer, ein Koch.

Ich war 5 Jahre alt, als ich das erste Mal die Traubenlese auf dem Land meines Großvaters erlebte. Kurz danach war die Zeit schon reif für die Olivenernte.

Zu beobachten, wie alle zusammen arbeiteten und das Gemeinsam sein genossen, hatte was von Magie und ich war davon total fasziniert. Für mich sind das die schönsten Erinnerungen.

Nach so vielen Jahren, kann ich mich noch an die letzten Sonnenstrahlen erinnern, die den Himmel von Salento, in Apulien, feuerrot färbten und an die Gerüche des Landes. Ich kann noch die Stimmen meiner Familie und unserer Freunde hören.

Meine Oma und mein Opa hatten einen landwirtschaftlichen Betrieb und ich konnte als Kind meinen Gaumen mit den feinen Geschmäckern der Natur verwöhnen.

Ölivenöl, Tomaten, Feigen, Auberginen, Zucchini, Rosmarin, Basilikum und Knoblauch. Ein Mix von Aromen und Gerüchen, die nicht nur großartig schmecken, sondern auch die perfekt Basis einer gesunden Ernährung sind.

Heute, 25 Jahre danach, bin ich ein glücklicher Koch und freue mich jedes Mal, wie einfache, gesunde Zutaten zu unglaublichen Köstlichkeiten werden können.

Wieso kochen? Weil es Spaß macht!

Gemüse schneiden, Pasta abgießen, Salat anmachen, Tortellini füllen und dabei Musik hören, sich unterhalten oder ein Glas Wein trinken. Und das alles am besten mit der Familie oder mit guten Freunden.

Die Küche ist für mich der geselligste Raum überhaupt. Es ist mein Ort zum Entspannen, Lachen oder Runterkommen und hier fühle ich mich schon immer am wohlsten.

Meine Rezepte und Erzählungen geben meine Kultur und den mediterranen Ursprung meines Heimatlandes wieder.

Begleite mich auf dieser kulinarischen Reise durch Italien, Region für Region, Tradition für Tradition und entdecke mit mir Geschmäcker und Geschichten!

Buon viaggio! Buon appetito!

Giovanni Mancini

Ich bin von Norden nach Süden, über den gesamten Stiefel und die Inseln gereist und habe an verschieden Orten gelebt.

Mal war ich Gast, mal war ich Gastgeber und dabei habe ich jeden Ort einzigartig und vielfältig empfunden. Jede Region in Italien hat Traditionen und Geschichten, die mich gelehrt, geprägt und beschenkt haben.

Diese habe ich am besten durch das lokale Essen und die einheimischen Produkte entdecken können.

Wenn man sich die Frage stellt, woher eine Tradition stammt oder das Produkt seinen Ursprung hat, lernt man auch immer viel über die Region selbst. Das Essen gibt das wieder, was in all den Jahren in einer Gegend geschehen ist. Die Herrschaften, die den Ort regiert haben, die Hungersnöte oder den Überfluss.

Sich bewusst zu werden, dass das Essen einer Region oder selbst eines Dorfes eng mit dem Geschehenen verbunden ist, bedeutet nicht nur eine Neuentdeckung der Sinne, sondern auch der Historie Italiens.

Das italienische Essen ist alles das zusammen. Eine Mischung aus der Geschichte des Landes, seiner Einwohner und seiner Vergangenheit.

Während ich mein Land bereist habe, erlebte ich einen Wechsel von Landschaften, Kunst und Kultur und überall wurde ich warmherzig empfangen.

Diese wundervolle Reise beschreibe ich mit nur einem Ausdruck: benvenuti e buon appetito!

Viel Spaß beim Lesen, Lernen und Ausprobieren wünscht dir

Giovanni Mancini

P.S. Ich würde mich sehr freuen wenn du den QR Code scannst und mir eine Rezension für das Buchzukommen lässt!

Die 5 Säulen

Zeit für Mittagessen. Oder Abendessen.
Eigentlich vollkommen egal.

Wenn man sich zusammen an den Tisch setzt, wird alles sofort magisch.

Ob das bei jedem Volk so ist, kann ich wahrscheinlich schwer beurteilen.

Aber eins kann ich definitiv behaupten, für uns Italiener ist es definitiv etwas Magisches und Erhabenes.

Das gemeinsame Beisammen sein, um einen reich gedeckten Tisch mit unterschiedlichsten Gerichten, die Gespräche mit der Familie, Freunden und das gemeinsame Lachen, ist für mich die perfekte Wohlfühlatmosphäre.

Darum dauern Mahlzeiten in Italien stundenlang. Denn essen bedeutet Leidenschaft auf allen Ebenen.

Das Bild, das jedem Italiener durch den Kopf geht, wenn man an ein Mittag- oder Abendessen mit der Familie denkt, beschränkt sich nicht nur auf gutes Essen, sondern auf weitaus mehr. Es ist ein Ritual, welches zu einem unvergesslichen Moment wird, pure Magie, die jeden Tag von Neuem stattfindet.

Die Wurzeln der italienischen Küche reichen bis zu den Römern in das 4. Jahrhundert v. Chr. Zurück.

Sie ist bekannt für ihre regionale Vielfalt und gehört zu den bekanntesten und beliebtesten der Welt.

Dabei verleiht ihr die Einfachheit ihre Magie.

"Mantieni la semplicità" - Halte es einfach, sagte meine Oma immer, und darauf liegt das Augenmerk dieser Küche.

Italienische Köche, Mütter und Väter legen viel mehr Wert auf die Qualität der Zutaten als auf die Zubereitung. Die Rezepte von Großmüttern sind genau die, die am leckersten und feinsten schmecken.

Deshalb eignen sich alle Rezepte der italienischen Küche für die Hausmannskost.

Aber wann essen die Italiener eigentlich? Wir haben 4 Hauptmahlzeiten.

Das Frühstück, "la colazione", normalerweise süß, eher eine Kleinigkeit, welche oft auch nur schnell am Tresen einer Bäckerei zu sich genommen wird. "Un cappuccino e un cornetto, per favore.", bestimmt schon mal gehört oder?

Wir lieben Essen aber viel mehr steht das Erleben im Vordergrund. Den Kaffee an der Theke zu trinken ist eher ein Ritual, um Leute zu treffen oder sich mit dem “barista” über Aktuelles auszutauschen.

Das Mittagessen und das Abendessen "il pranzo e la cena" mit den verschiedenen Gängen sind die wichtigsten Mahlzeiten des Tages. Darüber hinaus gibt es die "merenda", den Imbiss oder die Kleinigkeit zwischendurch, welche meist von Kindern und Jugendichen am späten Nachmittag gegessen wird. Während viele Völker schon das Abendessen zu sich nehmen, macht der Italiener eher einen kleinen Imbiss.

Aber wie viele Gänge hat ein typisches italienisches Menü? Einfach, 5. Die 5 Säulen der italienischen Küche.

1. L'**antipasto** - Die Vorspeise: kleine Köstlichkeiten, die den Appetit reizen sollen.
2. Il **primo piatto** - Erster Gang: hier geht es nur um Pasta, Reis oder Suppe. Der Heilige “primo piatto” hat aus Kohlenhydraten zu bestehen.
3. Il **secondo piatto** - Zweiter Gang: Fleisch, Fisch oder auch Käse. Quasi Proteine (Eiweiß) und keine Pasta. Niemals! (Pasta und Reis sind hier Tabu.) Niemals sollte man auf einem Teller Pasta mit einem „secondo piatto“ mischen.
4. Il **contorno**, eine Beilage aus Gemüse, die den zweiten Gang begleitet. Hier kommen Pflanzenfasern, Vitamine und Mineralstoffe ins Spiel.
5. Am Ende il **dolce**, il dessert, der Nachtisch, was Süßes und / oder etwas Obst zum Abschluss.

Um die Mahlzeit zu beenden gibt es il caffè und den “ammazzacaffé”, den Kaffee Killer, ein Destillat oder Likör wie Limoncello, Sambuca und Kräuterbitter, das unmittelbar nach dem Kaffee serviert wird. In einigen Regionen Italiens wird er sogar in die Tasse gegossen, in der der Kaffee getrunken wird.

Die Italienische Küche besteht aus den Grundlagen einer gesunden und ausgewogenen Ernährung. Kohlenhydrate, Proteine, Fett, Pflanzenfasern, Vitamine und Mineralstoffe.

Komm mit mir auf eine kulinarische Reise und entdecke dabei die 5 Säulen. Dazu habe ich 10 Menüs erstellt welche aus 50 leckeren und einfachen Rezepten bestehen, um dir Italien so zu zeigen wie ich es liebe. Mit gutem authentischen Essen für Leib und Seele. Jedes Menü besteht aus unterschiedlichen aufeinander abgestimmten Rezepten aus verschiedenen Regionen Italiens. Komm mit auf die Reise!

Mit ANYWAYS.EXPERIENCES Italien hautnah erleben

E ora? **ANDIAMO IN ITALIA** con ANY**WAYS**.EXPERIENCES!

ANYWAYS
Your experience in Italy

Wolltest du schon immer das authentische Italien entdecken und erleben?

Durch die einheimischen Leute, Handwerker und Künstler die wahre Geschichte und Kultur Italiens näher kennenlernen, was Neues ausprobieren und deine Sinne herausfordern?

Ich habe was für dich. Die kulinarische Reise durch die Regionen Italiens ist zusammen mit ANY**WAYS**.EXPERIENCES entstanden.

Unser gemeinsames Ziel ist es ein authentisches Italien zu vermitteln, dich hinter die Kulissen blicken zu lassen, die Kultur und die Geschichte hinter jedem Rezept, Produkt oder Tradition weiterzugeben.

Gemeinsam mit ANY**WAYS**.EXPERIENCES hast du die Möglichkeit beispielsweise:

- gemeinsam mit einem Koch frische Pasta in Apulien zuzubereiten
- einen Tanzkurs zu belegen um die traditionelle Pizzica tanzen zu lernen
- in Kalabrien auf einem Boot mit dem Fischer angeln zu gehen
- die Geheimnisse der Bergamotte-Produktion kennenzulernen und natürlich zu verkosten
- in der Toskana die traditionelle Olivenölproduktion entdecken und sogar einen Olivenbaum adoptieren

ANY**WAYS**.EXPERIENCES ist eine Online-Plattform, die dir Italien näher bringen möchte.

Mit vielen Workshops und Touren vor Ort, Made in Italy Produkte und Handwerkskunst, Italienischkurse und Sprachreisen und viel mehr, die immer wieder aufs Neue unsere Sinne wecken.

Immer steht ein persönliches Kennenlernen im Mittelpunkt.

Du bist unser Gast und kein Tourist: es geht um Gastfreundschaft, Qualität und eine Menge italienischer guter Laune.

Komm mit und erlebe das "**Dolce Vita**".

Besuche unsere Website www.any-ways.com oder scanne den QR Code und lass dich von Italien verzaubern.

Puglia

Tacco dell'Italia! Terra dei Trulli! Regno degli Ulivi, del Buon Cibo e Tradizioni!

Ferse Italiens! Land der Trulli! Königreich der Oliven, des guten Essens und der Traditionen.

Wie auch immer du es nennst, Apulien ist ein Ort tausender Farben und Aromen. Diese Perle, von der Adria und dem Ionischen Meer umgeben, bietet atemberaubende Landschaften und Speisen für Kenner.

Langsames Tempo, jahrhundertealtes Ackerland, herrliche Küsten, großartiges Essen, authentische Dörfer und fast das ganze Jahr über wundervolle Sonnentage: Apulien ist das alles.

Es ist eine Mischung aus vielen Gefühlen: Mütter, die am Sonntagmorgen orecchiette fatte in casa alle cime di rapa zubereiten (hausgemachte Nudelsorte Orecchiette mit Stängelkohl); Freunde, die sich in Bars treffen, sich unterhalten, gestikulieren und einen guten Wein mit Taralli, getrockneten Tomaten und hausgemachten Auberginen genießen. Apulien ist der intensive Geschmack seines Olivenöls, seines Käses, seiner Hülsenfrüchte. Diese wachsen hier unter der heißen Sonne und werden von der Meeresbrise gestreichelt.

Trentino Alto Adige

Über 220 Wasserspiegel und eine Krone aus Alpengipfeln, unterbrochen von Thermalquellen: Das Trentino bietet außergewöhnliche Naturlandschaften, die mit Respekt und Bewusstsein geschützt sind. Es ist kein Zufall, dass mehr als ein Drittel des Territoriums als Nationalpark (der Stilfserjoch-Park betrifft auch einen Teil der Lombardei) und als Naturschutzgebiet geschützt ist und mehr als 60% der Fläche von Wäldern bedeckt sind. Es ist sehr wertvoll und stellt eine große Attraktion für den Tourismus dar.

Die Felsmassive und Gletscher ziehen jeden in ihren Bann und so ist es kaum verwunderbar, dass es ein Paradies für Wanderer ist. Das Trentino wird von Italienern, Ladinen und deutschsprachigen Minderheiten bewohnt und befindet sich in den Dolomiten, die seit 2009 zum Weltkulturerbe gehören. Es befindet sich am Ufer des Gardasees und garantiert dem Gebiet ein Mikroklima, das es auch für die mediterrane Flora geeignet macht.

Die Natur wird mit den Spuren der Vergangenheit und den Trends der Zukunft vervollständigt: Zusammen mit alpinen Schutzhütten und hochgelegenen Schlössern können prestigeträchtige Kunstausstellungen besucht und die Herstellungstechniken des weltberühmten Proseccos / italienischen Sekts, erlernt werden.

Das Menü 1:

Antipasto – Focaccia aus Bari (Apulien)

La focaccia di Bari

Streetfood aus Apulien! Diese Focaccia aus Bari ist einfach, günstig, knusprig an den Rändern und weich in der Mitte. Mit ihrem unvergesslichen Geschmack und Duft gehört sie zur Tradition Apuliens.

Es wird heiß auf dem Heimweg gegessen, am Meer, zu Picknicks mitgenommen, aber sie ist auch gut zum Mittagessen oder als Snack, begleitet von einem eiskalten Bier oder Wein.

Ein einziges Rezept gibt es nicht. Vom alten Bari bis zu jedem Dorf der Provinz kannst du wirklich viele Variationen verkosten.

Alle Focaccias haben gemein, dass sie aus einem Teig aus gesäuertem Grieß bestehen, der in einer runden Pfanne im Ofen gebacken wird. In Bari sagt man auch umgangssprachlich „Ruota“ zur Focaccia, was Rad bedeutet.

Die Tomaten werden in kleine Mulden auf den Teig während der Gärungsphase gegeben. Dabei dringen diese zusammen mit dem nativem Olivenöl Extra Vergine und Oregano in den Teig ein, um eine wahre Geschmacksexplosion zu erzeugen.

Die von mir vorgeschlagene Version der Focaccia aus Bari besteht darin, das Mehl mit Salzkartoffeln zu mischen. Das verleiht ihr eine weiche Konsistenz und einen köstlichen Geschmack.

Außerdem bleibt die Focaccia dank dieses Teiges einige Tage weich.

Wünschst du dir noch etwas mehr Geschmack? Ergänze deine Focaccia mit schwarzen Oliven.

Zutaten:

- 250 g gemahlener Grieß
- 170 ml Wasser
- 70 g Salzkartoffeln
- 7 g Salz
- 5 g Bierhefe
- 100 g Kirschtomaten
- Oregano
- Olivenöl Extra Vergine

Zubereitung:

1. Zuallererst kochst du die Kartoffeln und zerdrückst diese gut. Lasse sie vollständig abkühlen und bereite währenddessen die Zutaten für den Grundteig vor: Dieser besteht aus dem Grieß, dem Wasser und der Bierhefe.
2. Die Hefe im Wasser auflösen, dann den Grieß, das Kartoffelpüree und das Salz dazugeben. Nun von Hand oder mit Hilfe einer Küchenmaschine alles zu einem Teig kneten. Den Teig in eine Schüssel geben und ruhen lassen, bis er sich verdoppelt hat.
3. Den Focaccia-Teig in eine mit Öl gefettete Pfanne (28 cm Durchmesser) geben. Am besten verwendest du eine Aluminiumpfanne. Alternativ kann man auch ein Backblech nehmen.
4. Halbierte Kirschtomaten, Oliven, Öl, Salz und Oregano darüber geben und dabei die Tomaten sowie die Oliven leicht andrücken. Lass den Teig weitere 2 Stunden ruhen.
5. Jetzt die Bari Focaccia bei 220° Umluft ca. 20/30min goldbraun backen. Am besten schmeckt die Focaccia warm, sie kann aber auch ein paar Tage aufbewahrt werden und kalt gegessen werden.

Lass dich von meinen Bildern inspirieren, scanne den QR-Code mit deinem Smartphone und viel Spaß beim Kochen und Genießen.

Primo – Pasta mit Sardellen und Brotkrümeln (Basilikata)

Pasta con le acciughe e mollica

Als ich dieses Rezept zum ersten Mal kostete, war ich in der Region Basilikata. Du kannst aber dieses Gericht auch in anderen Regionen im Süden Italiens finden. Ich beschreibe es mal so: einfache Zutaten und Zubereitung, die ein fast unerwartetes Geschmackerlebnis schaffen. Wichtig ist es nur auf die Qualität der ausgewählten Zutaten zu achten. Aber das gilt ja eigentlich für jedes Rezept.

Es geht hier um ein Gericht mit einer alten Seele, aber auch mit einem mehr als modernen Geschmack. Deswegen eignet es sich hervorragend, sowohl für die wichtigsten Anlässe und Jubiläen, als auch für die häufigsten Mittagessen.

Zutaten:

- 400 g Spaghetti
- 5 oder 6 in Salz eingelegte Sardellen
- Etwas Brotkrümel (Paniermehl geht auch)
- 1 Zweig frische Petersilie
- 1 Knoblauchzehe
- Chili
- Olivenöl Extra Vergine
- Etwas Salz

Zubereitung:

1. Das Wasser in einem Topf zum Kochen bringen und mäßig salzen.
2. Die Spaghetti darin al dente kochen (etwas Nudelkochwasser zurück halten).
3. In der Zwischenzeit die Sardellen unter fließendem Wasser waschen, um überschüssiges Salz zu entfernen und anschließend gegebenfalls filetieren und dann klein hacken.
4. In einer Pfanne Öl, Knoblauch und Chili erhitzen. Die fein gehackten Sardellen hinzugeben und mit ein bisschen Nudelkochwasser kochen lassen, bis es cremig wird.
5. In einer separaten Pfanne etwas Öl erhitzen und die Semmelbrösel hineingeben, um sie zu bräunen.

6. Die Nudeln abtropfen lassen und mit der Sardellencreme in die Pfanne geben.
7. Die gerösteten Semmelbrösel hineingeben und mit einer Prise gehackter Petersilie servieren.

Buon appetito! Meine Bilder zum Gericht findest du wieder über den QR-Code.

Secondo – Kabeljau in Knoblauchsauce (Ligurien)

Baccalà in salsa agliata

La “salsa agliata”, die Knoblauchsauce ist eine alte typisch ligurische Sauce, die wahrscheinlich aus dem Mittelalter stammt.

Die regulierenden Eigenschaften von Knoblauch des Blutdrucks und Cholesterins sind bekannt. Diese Sauce verleiht diesem Kabeljau-Gericht einen starken und entscheidenden Geschmack. Darüber hinaus ist es sehr einfach in der Zubereitung und lecker zugleich.

Zutaten:

- 1 kg Kabeljau
- Mehl zum Panieren
- Etwas Öl zum Braten
- 6 Knoblauchzehen
- Semmelbrösel alternativ Paniermehl
- 1 Glas Weißweinessig
- Ein Glas trockener Weißwein für den Geschmack
- Etwas Salz

Zubereitung:

1. Den Kabeljau 24 Stunden in Wasser einweichen lassen, und dieses 3-5 mal wechseln. Alternativ den bereits eingeweichten Kabeljau verwenden.
2. Entferne die Haut vom Kabeljau und schneide diesen in Stücke. Ca. 8 cm lang dürfen die Stück sein.
3. Die Kabeljaustücke im Mehl wenden und in kochendem Öl goldbraun braten.
4. Bereite gleichzeitig die Knoblauchsauce zu, indem du den Knoblauch und die in Essig getränkten Semmelbrösel in einem Mörser zerstößt. Salzen und mit Essig und Wein verdünnen. Drei Minuten aufkochen und die Sauce ist fertig.
5. Serviere den gebratenen Kabeljau dazu mit der scharfen Sauce.

Schau dir meine Bilder an und versuche dich selbst an diesem Rezept.

Contorno – Gefüllte Tomaten nach Art der Marken

Pomodori ripieni alla marchigiana

Die gefüllten Tomaten mit Basilikum sind leicht zu kochen und sehr schmackhaft.

Diese musst du unbedingt ausprobieren, da sie einfach lecker sind. Gefüllte Tomaten nach Art der Marken werden im Ofen gegart und sind eine typische Beilage der Marken.

Diese können auch in einer Pfanne mit einem Deckel zubereitet werden.

Es handelt sich dabei um gefüllte Tomaten, welche gratiniert und mit aromatischen Kräutern verfeinert werden. Ein unverzichtbares Sommergericht zu einem sehr günstigen Preis, ideal zum Füllen deiner Sandwiches zum Mitnehmen ans Meer oder auf eine Reise und heute passend zu unserem Menü. Erfreue dich an der schnellen Zubereitung dieser köstlichen, gefüllten Tomaten nach Art der Marken.

Zutaten:

- 4 Tomaten (mittelgroß)
- 5 Blätter Basilikum
- 1 Gewürznelke
- Semmelbrösel
- Etwas natives Olivenöl extra
- Etwas Salz und Pfeffer

Zubereitung:

1. Tomaten waschen und trocknen.
2. Die Tomaten längs aufschneiden und mit Hilfe eines Teelöffels teilweise entkernen.
3. Saft und Fruchtfleisch der Tomaten in eine Schüssel geben und mit einem Schuss Olivenöl extra vergine, Salz und Pfeffer würzen. Alles gut vermischen.
4. Semmelbrösel, fein gehackten Knoblauch und Basilikumblätter mischen, dann alles zu den Tomaten in die Schüssel geben.
5. Wenn du magst, füge nach Belieben andere aromatische Kräuter hinzu.

6. Jetzt diese Mischung wieder zurück in die halbierten Tomaten geben und auf ein mit Backpapier ausgelegtes Backblech legen.
7. Alle Tomaten mit etwas Oliven Öl beträufeln.
8. 30 Minuten im Ofen bei 180 °C goldbraun backen.
9. Die gefüllten Tomaten aus den Marken mit Basilikumduft kochend heiß genießen.

Lass dich von meinen Bildern inspirieren.

Dolce – Strudel mit Birne, Ricotta und Schokolade (Trentino)

Strudel pere, ricotta e cioccolato

Der Strudel - ein typisches Trentiner Dessert - ist eine köstliche Teigrolle, die normalerweise mit Äpfeln, Rosinen, Pinienkernen, Zimt usw. gefüllt wird. In meinem Rezept allerdings verwenden wir heute Birnen, Ricotta Käse und feinste Schokolade. Wenn du magst, kannst du auch fertigen Blätterteig für das Rezept verwenden.

Das Rezept für Strudel stammt aus dem 8. Jahrhundert v. Chr., der Zeit der Assyrer. Ähnliche Kuchen finden sich auch im antiken Griechenland. In Italien wird der Strudel traditionell in den ehemaligen Reichsgebieten hergestellt, vor allem in Südtirol, Trentino, Venetien und Friaul-Julisch Venetien.

Jeder Ort hat sein eigenes Rezept: mit Mürbeteig, mit Strudelteig (traditionell, dünn: die Äpfel werden darin gerollt, bevor sie in den Ofen kommen) oder mit Blätterteig.

Es gibt auch Varianten mit anderen Obstsorten: Birnen, Aprikosen, Beeren, und es gibt auch solche, die das Strudelrezept für die Zubereitung von herzhaften Pasteten verwenden, zum Beispiel mit Gemüse, Sauerkraut und Salami.

Die typischen Zutaten sind Sultaninen, Äpfel, Zucker, Zimt, Walnüsse oder Pinienkerne und ein Eigelb.

Insbesondere im Trentino ist das Val di Non ein Gebiet, in dem der DOP*-Apfelanbau eine besondere Tradition hat. Hier wird er mit Golden-Delicious-Äpfeln zubereitet, weil sie zu jeder Jahreszeit zu finden sind und weil sie zuckerhaltig sind und sich beim Kochen halten, wobei die Weichheit dank des Pektins erhalten bleibt.

**DOP steht für Denominazione di origine protetta und entspricht der deutschen geschützten Ursprungsbezeichnung*

Zutaten für den Teig:

- 200 g Butter
- 100 g Zucker
- 1 Ei

- 1 Prise Salz
- 1 Päckchen Vanillin
- 300 g Mehl

Zutaten für die Füllung:

- 550 g Birnen und etwas Zitronensaft
- 150 g Hüttenkäse
- 80 g Gelierzucker
- 20 g Sultaninen in Rum eingeweicht
- 10 g Vanillezucker
- 30 g Semmelbrösel (Weißbrot) oder Biskuitbrösel
- 1 Ei
- 20 g Mandelblättchen
- 100 g geraspelte Schokolade
- 1 Prise Zimt
- Puderzucker zum Bestreuen

Zubereitung:

1. Mit einem Schneebesen die Butter mit Zucker, Ei, Salz und Vanille verrühren.
2. Wenn die Mischung glatt ist, das Mehl auf einmal hinzufügen und zuerst mit einem Schneebesen und dann mit den Händen verrühren, bis eine glatte Paste entsteht.
3. Eine Kugel formen, in Frischhaltefolie wickeln und eine halbe Stunde im Kühlschrank ruhen lassen.
4. Währenddessen die Füllung vorbereiten.
5. Birnen schälen, in dünne Scheiben schneiden und mit dem Zitronensaft vermischen. Ricotta, Gelierzucker und Vanillezucker verrühren. Die Semmelbrösel hinzufügen.
6. Den Teig ausrollen, und die die Füllung gleichmäßig darauf verteilen. Jetzt die Schokolade darüber reiben und den Strudel rollen, mit püriertem Ei bestreichen und auf ein Backblech legen. Im vorgeheizten Backofen bei ca. 175 °C für ca. 35 Minuten backen, bis er eine gold braune Farbe annimmt. Mit Puderzucker bestreuen. Am besten passt Vanillesoße oder Vanilleeis dazu.

Marche

Die Marken sind zweifellos eine der schönsten Regionen Italiens. Wie? Ich sage das bei jeder Region? Nur weil jede Region wirklich eine Welt für sich und etwas Besonders ist!

Als einzige italienische Region, die den Pluralnamen beibehalten hat, sind die Marken Ausdruck einer Vielzahl von Identitäten. Auch unter landschaftlichen Gesichtspunkten.

Im Winter übte ich auf den schneebedeckten Gipfeln des Apennin-Kamms Alpin- und Langlauf und im Sommer besuchte ich die Strände mit feinstem weißen Sand.

Die "Fünfzehn blaue Flaggen" bescheinigen die Qualität des Wassers, der Dienstleistungen und des Umweltmanagements vieler Badeorte in der Adria. Dies ist eine besondere Auszeichnung für italienische Strände welche so in ganz Italien genutzt wird.

Die Marken sind aber auch ein weit verbreitetes Freilichtmuseum zwischen Dörfern und Kunststädten (Urbino, Ancona und Senigallia), das an die Renaissance-Pracht der Region erinnert.

Sie sind die Wiege der italienischen Kultur (Giacomo Leopardi wurde in Recanati geboren und ist dort aufgewachsen) und ein beliebtes Ziel für Pilger. Dank der Anwesenheit von Loreto, dem größten marianischen

Heiligtum Italiens, sind die Marken ein Nervenzentrum der christlichen Spiritualität.

Es gibt zwei Nationalparks (Monti Sibillini und Gran Sasso und Monti della Laga) so wie die vier Regionalparks (Monte Conero, Sasso Simone und Simoncello, Monte San Bartolo und Gola della Rossa und Frasassi). Zwischen dieser wundervollen Natur und Landschaft habe ich viel Zeit verbracht. So viel wundervolle Zeit, so viel kostbare Momente, so schöne Erinnerungen.

Die Marken beheimaten eine außergewöhnliche Anzahl kleiner, mittelalterlicher Dörfer, antiker Kunststädte, einzigartiger Naturlandschaften und ist in ganz Italien berühmt für die Gastronomie und hervorragende Weine.

Die Marken bleiben im Herzen des Reisenden und laden ihn ein, sich ohne Eile zu bewegen, um das "Destillat Italiens" zu entdecken, das dieses Gebiet darstellt.

Lombardia

Wirtschaftsmotor Italiens oder einer faszinierenden Region voller Reiseziele?

Hinter der reichsten Region der Halbinsel befindet sich nicht nur die Arbeits- und Geschäftswelt, sondern auch eine alte Geschichte, Kunststätten von unübertroffener Schönheit und bezaubernde Landschaften, wie die der Seen von Garda und Como.

Tatsächlich erkennt jeder ihre entscheidende Rolle aus wirtschaftlicher Sicht an, da sie ein Zentrum der Trends und eine Hochburg der Talente in Bezug auf Mode und Design ist, aber nur wenige erinnern sich daran, dass es neben dem Mailänder Dom (der ein weiterer großartiger Schatz ist) auch viele andere Wunder gibt.

Die Geschichte Norditaliens geht durch die Lombardei, ebenso wie die Geschichte der Entwicklung und Industrialisierung des schönen Landes. Die Lombardei ist aber auch aus landschaftlicher Sicht eine faszinierende Region. Die imposanten Gipfel der Alpen grenzen an die Schweiz an und die Voralpen fallen in Richtung Po-Tal ab. Sie wird von Flüssen durchzogen, die einige der größten Italiens sind und erwecken wichtige Seen Italiens zum Leben.

Der Reichtum der lombardischen historischen Traditionen, der anscheinend in den großen Geschäftsstädten verborgen liegt, findet sich echt und von Herzen, direkt in den Provinzen, am See und in den Bergdörfern. Eine großartige Möglichkeit, die Lombardei zu entdecken sind die zahlreichen Speise- und Weinrouten, die einen echten Einblick in die Kultur des Landes bieten. Tauche ein in die verschiedenen Geschichten der Täler, Seen und Flüsse.

Kunststädte und verwunschene Dörfer: Die Lombardei ist eine Fundgrube an Schönheiten, die es zu entdecken gilt. Es ist Mailand und darüber hinaus. Es ist Natur, Kunst, Berge, Seen und historische Städte.

Neben den bekanntesten Orten gibt es eine intimere, ungewöhnlichere und faszinierendere Seite, die es wert ist, entdeckt zu werden. Die der schönsten Dörfer, in denen du ein Bad in der Vergangenheit nehmen kannst.

Es ist ein Land, in dem du auf romanischen Ruinen spazieren gehen kannst, in mittelalterlichen Kirchen heiratest, in Renaissance-Palästen lebst und dich in Brunnen abkühlst, in denen die Geschichte zusammen mit dem Wasser fließt.

Deshalb nehme ich dich heute mit in die Lombardei, mit einer kulinarischen Reiseroute voller Besonderheiten.

Das Menü 2:

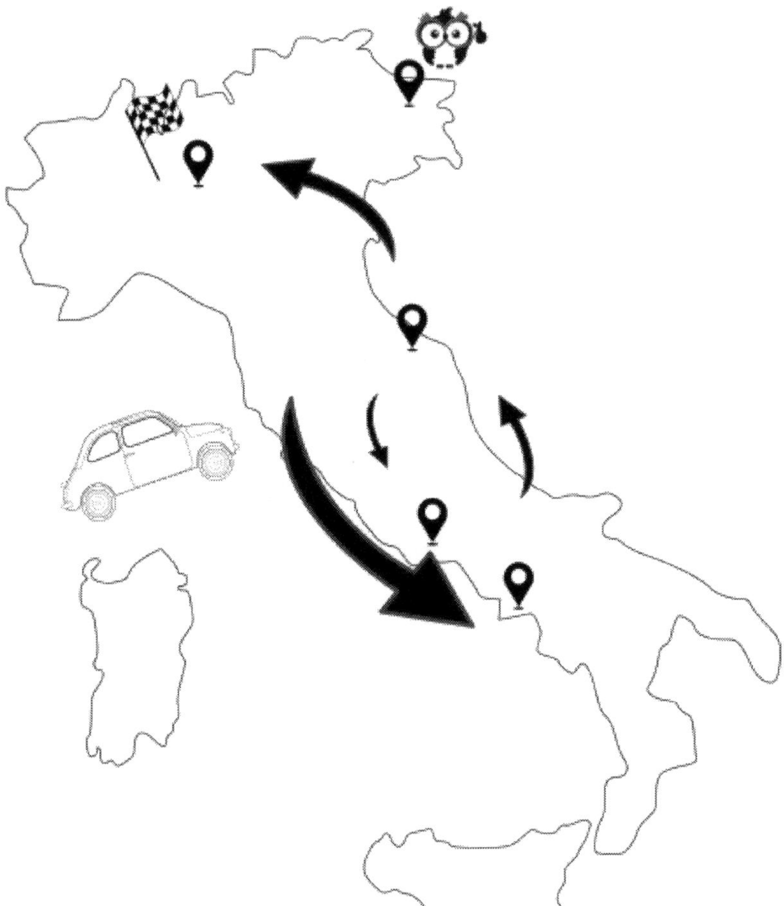

Antipasto – Frico aus dem Friaul

Frico friulano

Kartoffeln und Zwiebeln werden in der italienischen regionalen Küche oft kombiniert.

Dieses traditionelle Rezept stammt aus dem Friaul. Es besteht aus Kartoffeln und faserigem Käse. Es ist außen knusprig und innen weich und wird darüber hinaus zur klassischen Polenta gereicht.

Es ist ein Gericht, das aus den Bergen Karniens stammt, wo es in der Vergangenheit und auch heute noch gekocht wird, um die Käsereste zu verarbeiten. Es ist trotzdem ein Gericht von außergewöhnlicher Güte. Tatsächlich wird der Frico mit Kartoffeln, Zwiebeln und geschmolzenem Käse zubereitet, gemischt und in einer Pfanne gebraten. Daraus entsteht eine Art Omelette mit einer knusprigen Kruste außen und einem weichen und cremigen Kern. Das original friaulische Frico-Rezept beinhaltet Montasio-Käse, alternativ kannst du je nach Geschmack jeden gereiften oder halb gereiften Käse verwenden.

Traditionell wird Frico mit Polenta gegessen. Es gibt zwei Versionen dieses Gerichts, eine weiche und eine knusprige, die beide zusammen mit diesem typisch friaulischen Gericht gegessen werden sollten. Ich habe die erste Version vorbereitet, die wie ein weiches und cremiges Omelette aussieht und normalerweise mit geschnittener Polenta serviert und in geschmolzener Butter gebraten wird.

In der knusprigen Variante hingegen wird der Frico nur mit Montasio-Käse und Maismehl zubereitet und ist dabei etwas krümeliger und dünner. Sie wird verwendet, um eine Art "Untertasse" zuzubereiten, auf die die dampfende Polenta mit viel Käse gelegt wird.

Zutaten:

- 400 g Kartoffeln (festkochend)
- 400 g Montasio-Käse
- 1 Zwiebel
- Salz und Pfeffer
- Natives Olivenöl extra

Zubereitung:

1. Zuerst die Zwiebel schälen und in dünne Scheiben schneiden. Die Kartoffeln schälen und dann mit einer Reibe mit großen Löchern reiben.
2. Auf die gleiche Weise auch den Montasio Käse reiben.
3. In einem Topf etwas Öl geben und die Kartoffeln sowie die Zwiebeln dazugeben und 10 Minuten darin anbraten lassen.
4. Dann den Käse dazugeben und alles mit Salz und Pfeffer würzen.
5. Etwa 20 Minuten bei mittlerer Hitze alles weiter köcheln lassen und mit einem Holzlöffel ab und zu umrühren, um den Montasio Käse schmelzen zu lassen.
6. Wenn du eine homogene Mischung mit Kartoffeln und Käse erhalten hast, nimm diese vom Herd und lasse sie einige Minuten ruhen.
7. In der Zwischenzeit einen Schuss Öl in eine Pfanne mit niedrigem Rand gießen und auf den Herd stellen.
8. Gieße dann die Kartoffel-Käse-Mischung hinein und verteile sie gut in der Pfanne.
9. Einige Minuten mit einem Deckel abdecken und wenn sich eine Kruste gebildet hat, den Frico auf die andere Seite wenden.
10. Zum Schluss die Hitze ausschalten, den Frico in eine Servierschüssel geben und in Spalten geschnitten servieren.

Primo – Spaghetti mit Venusmuscheln (Kampanien)

Spaghetti alle vongole

Es ist ein ganz einfaches Rezept mit einem herrlichem Meeresgeschmack. Spaghetti mit Venusmuscheln ist definitiv eines der wichtigsten Gerichte der italienischen Küche und unter den Fischgerichten wahrscheinlich am beliebtesten. Es kommt direkt aus der kampanischen Region. Und genau hier, in dieser Gegend, habe ich die kleinen Geheimnisse für das perfekte Ergebnis gelernt.

Fleischige Muscheln, bestreut mit Petersilie und die köstliche Soße, die auf natürliche Weise aus der Stärke der Pasta entsteht, machen Spaghetti mit Muscheln zu einer wahren Delikatesse. Es ist ein Gericht für jeden Anlass, vom Abendessen mit Freunden, über ein Sonntagsgericht, bis hin zum perfekten Gang für Heiligabend oder Silvester.

Zutaten:

- 320 g Spaghetti
- 1 kg Venusmuscheln
- 1 Knoblauchzehe
- 1 Bündel Petersilie
- Extra virgin Olivenöl
- Etwas Schwarzer Pfeffer
- Etwas Salz
- Grobes Salz für die Muscheln

Zubereitung:

1. Um Spaghetti mit Muscheln zuzubereiten, müssen diese vorher gründlich gereinigt werden.
2. Stelle sicher, dass keine gebrochenen oder leeren Schalen vorhanden sind, diese können schon jetzt entsorgt werden.
3. Schlage nun die sauberen und verschlossenen Muscheln auf ein Schneidebrett.
4. Dieser Vorgang ist wichtig, um sicherzustellen, dass sich kein Sand im Inneren befindet: Die gesunden Muscheln bleiben geschlossen, die mit Sand gefüllten öffnen sich stattdessen.

5. Dann die Muscheln in ein Sieb geben und nochmal gründlich abspülen.
6. Das Sieb nun auf eine Schüssel geben und reichlich grobes Salz auf die Muscheln streuen.
7. In einer Pfanne etwas Öl erhitzen. Dann eine Knoblauchzehe und die gut abgetropften Muscheln dazugeben.
8. Mit einem Deckel verschließen und einige Minuten bei starker Hitze kochen.
9. Die Muscheln öffnen sich mit der Hitze. Die Pfanne von Zeit zu Zeit schwenken bis alle Muscheln vollständig geöffnet sind.
10. Sobald alle geöffnet sind, sofort die Hitze ausschalten und die Pfanne vom Herd nehmen sonst verkochen die Muscheln.
11. Sammel den Saft, indem du die Muscheln abtropfen lässt und vergiss nicht, den Knoblauch zu entsorgen.
12. In der Zwischenzeit die Spaghetti in reichlich Salzwasser kochen und nach der Hälfte der Garzeit das Wasser abgießen. Jetzt den aufgefangenen Saft in den Topf geben und die Spaghetti weitergaren.
13. Wenn sie nun al dente sind, die Muscheln und die gehackte Petersilie hinzufügen.
14. Alles einmal gut umrühren und sofort genießen.

Secondo – Muscheln nach Fischermannsart (Marken)

Vongole alla pescatora

Muscheln alla pescatora sind ein leckeres und sehr einfach zuzubereitendes Gericht, wenn du den Geschmack des Meeres auf den Tisch bringen möchtest. Es handelt sich dabei um ein schmackhaftes Fischgericht, welches sich sehr schnell zubreiten lässt und typisch für die traditionelle Küche der Marken ist. Die Muscheln werden in einer Pfanne gekocht, mit Weißwein vermischt und mit Petersilie und Knoblauch aromatisiert. Venusmuscheln alla pescatora sind ideal als Hauptgericht oder als Vorspeise für ein Abendessen auf Fischbasis!

Zutaten:

- 1,2 kg Muscheln
- 1 Bund Persilie
- 100 ml Weißwein
- 4 EL Olivenöl extra vergine
- Nach Geschmack salzen
- 2 Knoblauchzehen

Zubereitung:

Reinige die Muscheln wie auch im Rezept Spaghetti mit Venusmuscheln. Als kleine Auffrischung hier nochmal die Anleitung dazu:

1. Stelle sicher, dass keine gebrochenen oder leeren Schalen vorhanden sind, diese können schon jetzt entsorgt werden.
2. Schlage nun die sauberen und verschlossenen Muscheln auf ein Schneidebrett.
3. Dieser Vorgang ist wichtig, um sicherzustellen, dass sich kein Sand im Inneren befindet: Die gesunden Muscheln bleiben geschlossen, die mit Sand gefüllten öffnen sich stattdessen.
4. Dann die Muscheln in ein Sieb geben und nochmal gründlich abspülen.
5. Das Sieb nun auf eine Schüssel geben und reichlich grobes Salz auf die Muscheln streuen.
6. 4 EL Olivenöl extra vergine in eine Pfanne geben und die geschälten und zerdrückten Knoblauchzehen anbraten. Die Muscheln abtropfen

lassen und in die Pfanne geben, den Wein einfüllen und bei mittlerer Hitze einige Minuten weitergaren, bis der Wein vollständig verkocht ist.

7. Mit einem Deckel abdecken und weitere 2 Minuten garen. Wenn alle Muscheln geöffnet sind, etwas gehackte Petersilie hinzufügen, ein paar Mal schwenken und deine Muscheln sind servierfertig!

Tipp:

Du kannst auch die "rote" Version der Fischermuscheln zubereiten, indem du ein paar Tomaten in die Pfanne gibst.

Contorno – Frittierte Zucchini nach römischer Art (Latium)

Zucchine fritte alla romana

Gebratene Zucchini nach römischer Art ist eine köstliche und sehr einfach zuzubereitende Beilage, typisch für Rom und seine Umgebung.Bei dieser Beilage werden die Zucchini in kleine Stäbchen geschnitten, dann in Mehl gewendet und in reichlich heißem Öl gebraten. Die Zubereitung von frittierten Zucchini nach römischer Art ist sehr einfach und schnell, aber das Ergebnis wird dich sicherlich zufriedenstellen.

Zutaten:

- 500 g Genueser Zucchini
- Etwas Mehl nach Geschmack (405)
- Salz nach Geschmack.
- 20 g geriebener Pecorino Käse
- Öl zum Frittieren

Zubereitung:

1. Als erstes reinige die Zucchini. Dann schneide beide Enden ab. Danach kannst du diese in dünne ca. 4mm breite Stifte schneiden.
2. Wenn du alle nötigen Zucchinistangen geschnitten hast, gib sie alle in eine Schüssel und bestreue sie mit Salz. Lasse sie etwa eine halbe Stunde ruhen, damit sie entwässern.
3. Das von den Zucchini freigesetzte Wasser abgießen und die Stäbchen mit einem Blatt saugfähigem Papier trocknen.
4. Gib sie in eine Mischung aus Mehl und geriebenem Pecorino.
5. Erhitze eine Pfanne mit Öl und brate nun die Zucchini-Streifen, nachdem du das überschüssige Mehl entfernt hast, an.
6. Die gebratene Zucchini nach römischer Art salzen und nach der Hälfte der Garzeit wenden, sodass sie auf beiden Seiten eine perfekt goldene Bräune erhalten.
7. Wenn die Zucchini perfekt goldbraun sind, nimm sie mit einem Spaghettilöffel aus der Pfanne und lege sie auf einen mit saugfähigem Papier bedeckten Teller, um überschüssiges Öl zu entfernen.

Lass sie dir heiß schmecken.

Dolce – Kuchen vom heiligen Biagio (Lombardei)

Torta di San Biagio

Cavriana ist eine Stadt in der Provinz Mantua, in der seit 450 Jahren der Heilige Biagio gefeiert wird.

Zu Ehren des Schutzpatrons wird ein traditionelles Dessert zubereitet: eine exquisite Tarte gefüllt mit Mandeln und dunkler Schokolade!

Der San Biagio-Kuchen besteht aus einem krümeligen Mürbeteigboden, ohne Eier, aber mit Weißwein vermischt und einer speziellen Füllung aus Mandeln und gehackter Schokolade, Zucker und Eiern. Aus den Resten des Mürbeteigs entsteht die charakteristische Dekoration dieser Tarte, von der man die köstliche Füllung erahnen kann.

In Cavriana wird in den ersten Februartagen das traditionelle Anschneiden eines San Biagio-Kuchens im Durchmesser von sagenhaften drei Metern auf dem zentralen Platz gefeiert und allen Anwesenden serviert.

Der San Biagio-Kuchen wird noch heute wie zu Zeiten der Gonzaga zubereitet und hat sich von daher nicht geändert.

Gonzaga war der Familienname der Herzöge von Mantua, eines der bekanntesten italienischen Adelsgeschlechter.

Zutaten für den Teig:

- 400 g Mehl (405)
- 80 g kalte Butter
- 80 g Zucker
- 1 Vanilleschote
- 120 ml trockener Weißwein
- 1 Ei

Zutaten für die Füllung:

- 300 g Mandeln
- 100 g Zucker
- 2 Eier
- 100 g Zartbitterschokolade
- 1 Zitronenschale

Zubereitung:

1. Um den San Biagio-Kuchen zuzubereiten, beginne mit der Herstellung des Mürbeteigs: Die kalte Butter mit dem Mehl mit Hilfe eines Mixers verrühren, bis ein sandiger Teig entsteht.
2. Gib die Mischung in eine Schüssel in der klassischen Brunnenform und füge den Zucker hinzu.
3. Mit den Händen mischen und nach und nach den Weißwein dazugeben.
4. Vanillemark dazugeben und kräftig mit den Händen verkneten, bis ein kompakter und gut durchmischter Teig entsteht.
5. Den Teig mit Frischhaltefolie abdecken und 20 Minuten im Kühlschrank ruhen lassen.
6. Inzwischen die dunkle Schokolade fein hacken und die Mandeln mit einem Mixer zerkleinern. In einer großen Schüssel die beiden Zutaten vermischen und den Zucker, die abgeriebene Schale einer Zitrone und 2 Eier hinzufügen.
7. Die Zutaten mit einem Löffel gut vermischen. An dieser Stelle den Mürbeteig mit Hilfe eines Nudelholzes auf eine Dicke von einem halben cm ausrollen und eine gut gefettete und bemehlte Pfanne mit einem Durchmesser von 27 cm damit bedecken.
8. Entferne den überschüssigen Teig, drücke die Ränder der Form mit einem Nudelholz und fülle die Teigform mit der Füllung. Dabei darauf achten, dass die Füllung gleichmäßig verteilt wird.
9. Die Teigreste nochmals durchkneten und ausrollen und mit einem Rädchen mit Wellenschliff in Streifen schneiden, die du zunächst schräg auf den Kuchen legst, so dass diese sich überkreuzen.
10. Ein Ei aufschlagen, verquirlen und die Oberfläche des Kuchens mit einem Pinsel bestreichen. Backe den Kuchen in einem vorgeheizten Ofen bei 160° für 45 Minuten (bei Umluft 140° für 35 Minuten), bis die Oberfläche sich verfärbt. Fertig ist deine San Biagio-Tarte!

Tipp:
Du kannst den San Biagio Kuchen 3-4 Tage unter einer Glasglocke aufbewahren.

Wenn du ihn früher zubereiten möchtest, kannst du den Teig auch 3-4 Tage mit Frischhaltefolie abgedeckt im Kühlschrank lagern oder einfrieren und nach Bedarf verwenden.

Wenn noch etwas Teig übrig ist, kannst du daraus einen Zopf formen und auf den Rand legen. Wer möchte, kann die Füllung auch mit 20 ml Anis- oder Rumlikör aromatisieren.

Noch eine Kuriosität zum Schluss für dich bevor du dir die Bilder zu dem Rezept ansiehst.

Die christliche Tradition besagt, dass San Biagio der Schutzheilige von Hals und Nase ist. In der Kirche wird am 3. Februar ein alter Segen erneuert: Der Priester kreuzt unter dem Kinn der Gläubigen zwei Kerzen, um genau diese Körperteile zu schützen.

Emilia Romagna

Die Emilia Romagna ist das Herz der Poebene. Als Symbol für Fruchtbarkeit und Fülle lebt die Region von kulinarischen Reichtümern, die Körper und Geist sättigen: Denke nur an Tagliatelle, Tortellini, Parmaschinken und den berühmten Parmigiano Reggiano.

Tatsächlich sind seine Traditionen noch lebendiger als je zuvor, mit tausend Schattierungen von einer Provinz zur anderen.

Die Emilia Romagna hat aber auch eine immense Geschichte, die sie eifersüchtig bewahrt. In alten Dörfern, römischen Städten, historischen Wegen und mit großen Künstlern hält dieses Land tausende Überraschungen bereit.

Die Emilia Romagna ist ein wahres, weites und authentisches Land. Sie besteht aus zwei Zwillingsregionen (Emilia und Romagna), die, die gleiche Liebe zu Tradition, Fülle und Gastfreundschaft teilen.

Die Emilia-Romagna bietet kleine Juwelen aus dem Mittelalter und der Renaissance sowie eine Küste, deren Nachtleben zu den lebhaftesten und aufregendsten in Europa zählt, aber auch Nationalparks mit jahrhundertealten Wäldern und kristallklaren Seen, einzigartigen historischen Traditionen, religiösen Routen und der ältesten Universität Welt.

Hier, entlang der alten Via Emilia, hat sich seit der Römerzeit ein intensives kulturelles, wirtschaftliches und politisches Leben entwickelt.

Für mich war die Emilia Romagna immer das Land der Entdeckung. Ich habe mich von ihr inspirieren lassen. Für meine Küche und vor Allem aber auch für mein Leben.

Abruzzo

Von Aquila bis zum lebhaften Pescara, vom alten Chieti bis zur Trabocchi-Küste, gibt es eine Route zwischen Meer, Hügeln, alten Dörfern und Bergen.

Stark und sanft: Dies sind die Adjektive, die im Allgemeinen mit den Abruzzen in Verbindung gebracht werden, einer Region zwischen der Adria und dem zentralen Apennin, deren raue und manchmal wilde Natur, kombiniert mit einer alten Geschichte und dem Reichtum ihrer Kultur, eine Emotion nach der anderen hervorruft.

Hier befinden sich einige der höchsten Gipfel Italiens (Corno Grande del Gran Sasso und das Majella-Massiv, die auch als Skigebiete bekannt sind), Naturgebiete von großem Interesse wie den Abruzzen-Nationalpark und eine bunte Küste mit breiten Sandstränden im Norden und Küsten mit dichtem mediterrane Pflanzen im Süden, entlang der Küste der Trabocchi (die suggestiven Fischereimaschinen auf Stelzen).

Das Erdbeben von 2009, das hauptsächlich die Provinz L'Aquila traf, verwundete diese Region zutiefst und veränderte ihre Merkmale auf irgendeine Weise (einige Gemeinden wurden durch das Erdbeben dem

Erdboden gleichgemacht), brachte jedoch nicht den Geist seiner Bewohner zum Erliegen. Stärke und Hartnäckigkeit zeigen sich in der langsamen, aber unaufhaltsamen Wiedergeburt der veränderten Länder.

Das Menü 3:

Antipasto – Bonbons mit Speck aus Südtirol (Trentino)

Caramelle allo speck del Trentino Alto Adige

Schmackhaft und einfach zuzubereiten sind Südtiroler Speckbonbons perfekt für eine schnelle Vorspeise. Das spezielle Garen im Ofen ermöglicht es, die Aromen und Geschmacksrichtungen unverändert zu belassen. So haben deine Gäste und du das Vergnügen, ein reichhaltiges und verlockendes Gericht zu probieren.

Zutaten:

- 400 g Hackfleisch
- 100 g Südtiroler Speck (7 Scheiben als Hülle, Rest für Füllung)
- 200 g Ricotta
- 50 g Joghurt
- 1 Ei
- 1 Esslöffel gehackte Petersilie
- 1 Zweig Rosmarin
- 1 Lauch
- 2 Karotten
- Salz und Pfeffer

Zubereitung:

1. Um das Rezept für Südtiroler Speckbonbons zuzubereiten, zerhacke den Speck und einige Nadeln Rosmarin in einem Mixer. Anschließend alles mit Hackfleisch, Eiern, geriebenem Käse und 100 g Ricotta in einer Schüssel vermengen. Mit einer Prise Salz und einer Prise Pfeffer würzen.
2. Mische die Zutaten sorgfältig und forme daraus dann Frikadellen.
3. Den Lauch mit den Möhren putzen und waschen, in Stücke schneiden und ca. 5 Minuten dämpfen. Stelle diese zur Seite und lasse sie abkühlen.
4. Verteile je eine Frikadelle und etwas Gemüse auf den 7 Scheiben Speck. Dann die Päckchen wie Bonbons verschließen.
5. Die Päckchen auf ein mit Backpapier ausgelegtes Blech in den Ofen schieben und in diesem bei 200 °C ca. 25 Minuten backen.

6. Um das Rezept für Südtiroler Speckbonbons zu vervollständigen, bereite eine Sauce zu, indem du den restlichen Ricotta mit dem Joghurt, einem Esslöffel gehackter Petersilie, einer Prise Salz und einer Prise Pfeffer vermischen.

Das Gericht ist jetzt servierfertig! Guten Appetit!

Primo – Kürbis-Cappellacci mit Organensauce und Karamellisiertem Pancetta (Emilia)

Cappellacci di zucca con salsa all'arancia e pancetta caramellata

Cappellacci sind in Italien beliebte Teigtaschen. Diese, das wissen wir ja, sind ein Klassiker der italienischen Küche, vor allem in der Region Emilia Romagna.

Es gibt verschiedene Varianten mit unterschiedlichen Formen, Größen und Füllungen: der cappelletto ist in der Regel klein und wird in einer Brühe gegessen; der cappellaccio hat eine identische Form, ist jedoch mindestens doppelt so groß. Die Füllung aus Spinat oder Mangold und Ricotta ist sehr beliebt in der Stadt Reggio Emilia. Typisch für die Städte Reggio Emilia und Ferrara ist aber diese Variante hier: cappellacci di zucca, mit Kürbisfüllung.

Wie kannst du aus diesen beliebten Teigtaschen ein großartiges Gericht zaubern? Stelle dir karamellisierten Pancetta und eine Orangensauce auf den cappellacci di zucca vor. Der Kontrast zwischen süß und herzhaft ist fantastisch.

Zutaten:

- 1/2 Zwiebel
- 3 Orangen
- 1 Löffel Gemüsebrühe
- Pancetta (Pancetta ist die italienische Variante des Bauchspecks vom Schwein)
- Muskatnuss nach Geschmack
- Thymian nach Geschmack
- 500 g Cappellacci mit Kürbis (Rezept siehe unten)
- 1 Glas roter Wein
- Etwas Salz
- Natives Olivenöl extra nach Geschmack
- 1 Stück Butter
- Etwas Zucker

Zubereitung:

1. Eine halbe Zwiebel schälen, in feine Scheiben schneiden und in einer beschichteten Pfanne mit etwas nativem Olivenöl anbraten.
2. Mit einer Prise Salz abschmecken und mit etwas Wein ablöschen. Wenn die Zwiebel weich ist, drei Streifen Organenschale sowie den ausgepressten Saft dieser Orange dazu geben.
3. Den Löffel Gemüsebrühe, Thymian und Muskatnuss hinzufügen und ca. 15 Minuten köcheln lassen, bis die Sauce sirupartig wird.
4. Die Butter hinzufügen und sie bis zum Ende schmelzen lassen. Eine dritte Orange schälen und in kleine Stücke schneiden.
5. Den Pancetta in einer Pfanne mit ein bisschen Zucker knusprig karamellisieren.
6. In der Zwischenzeit die Cappellacci kochen und al dente in einer Pfanne in der fertigen Sauce zusammen mit der geschälten Orange und noch etwas des Pancettas anbraten.
7. Zum Servieren den restlichen Pancetta auf die Cappellacci geben.

Cappellacci

Zutaten:

- 400 g nachgemahlener Hartweizengrieß
- 2 Eier
- Etwa Wasser
- 1 Esslöffel natives Olivenöl extra

Zubereitung:

1. Grieß auf eine Arbeitsfläche gießen, in der Mitte eine Mulde formen, Eier und natives Olivenöl extra dazugeben. Knete, bis ein fester und kompakter Teig entsteht.
2. Nimm einen Teil des Teigs und rolle diesen mit einem Nudelholz aus. Alternativ kannst du auch die klassische Nudelmaschine verwenden. Mach weiter, solange du den ganzen Teig ausgerollt hast.
3. Schneide der Kürbis und die Kartoffeln in Stücke und dämpfe sie. Mit Hilfe eines Kartoffelstampfers die beiden noch heißen Zutaten pürieren und abkühlen lassen.
4. Salz, Muskatnuss, Pfeffer, geriebenen Parmesan dazugeben. Gut mischen, bis alle Zutaten gut gemischt sind.

5. Kleine Füllungsstücke mit Abstand auf den Teig legen. Befeuchte die Ränder der Ravioli und entferne alle Luftblasen, bevor du die Seiten verschließt.
6. Schneide die einzelnen Ravioli-Stücke, indem du sie mit einem Nudelschneider mit Zahnrad teilst. Fahre fort, bis du alles aufgebraucht hast.

Secondo – Thunfischcreme auf Kalbsfleisch (Piemont)

Vitello tonnato

Viele wissen nicht, dass der Vitello Tonnato oder Vitel Tonnè der ganze Stolz der piemontesischen Küche ist und zwei sehr unterschiedliche Versionen wurden überliefert: die alte und die, die wir alle kennen.

Es ist ein Rezept, das in den 1980er Jahren auf allen Tischen von Partys, besonderen Anlässen und sogar auf Kreuzfahrtschiffen ein großer Hit war!

Vitello tonnato sowie der Shrimps-Cocktail sind beide die wahren Protagonisten der 80er Jahre wenn es um Vorspeisen geht! Das Besondere an diesem Rezept ist das zarte Fleisch.

Nachher erhältst du dank diesem Rezept zarte und saftige Scheiben, die mit der köstlichen Ei-Thunfisch-Sauce serviert werden.

Zutaten:

- 800 g Kalbfleisch
- 1 Karotte
- 1 Stange Sellerie
- 1 goldene Zwiebeln
- 1 Knoblauchzehe
- 250 g Weißwein
- 1,5 l Wasser
- 1 Lorbeer Blatt
- 3 Nelken
- Öl extra vergine Olivenöl 3 Esslöffel
- ½ Teelöffel schwarze Pfefferkörner
- 2 Prisen Salz

Für die Soße:

- 2 Eier
- 100 g abgetropfter Thunfisch in Öl
- 3 Filets Sardellen in Öl
- 5 g gesalzene Kapern
- Kapernfrüchte zum Dekorieren

Zubereitung:

1. Um das Kalbfleisch mit Thunfischsauce zuzubereiten, reinige zunächst das Gemüse, das du verwenden möchtest.
2. Wasche sie, dann schäle die Karotte, schneide sie in Stücke.
3. Dann die Enden vom Sellerie entfernen und ebenfalls in Stücke schneiden.
4. Die Zwiebel schälen und in 2 Teile teilen. Die Zutaten nach und nach in eine Schüssel geben und den ganzen Knoblauch dazugeben.
5. Das Fleisch reinigen, indem alle Knorpel und Fettsträhnen entfernt werden. In einen großen Topf gibst du das geschnittene Gemüse, das Lorbeerblatt, 2-3 Nelken und die schwarzen Pfefferkörner, gieße den Weißwein und dann das Wasser auf, bis alles bedeckt ist.
6. Füge zwei Prisen Salz und dann das Öl hinzu.
7. Schalte den Herd ein und warte bis alles kocht und entferne dann nach und nach den Schaum, der an die Oberfläche steigt.
8. Schließe dann den Deckel und reduziere die Hitze etwas, lasse es etwa 40-45 Minuten garen: Denke daran, dass pro 500 g Fleisch etwa 30 Minuten Garzeit benötigt werden. Wichtig ist, dass der Kern des Fleisches 65° nicht überschreitet, gemessen mit einem Küchenthermometer. Sobald das Fleischstück gar ist, abgießen und vollständig abkühlen lassen.
9. Dann Lorbeerblätter, Pfeffer und Nelken entfernen. 1/3 der erhaltenen Brühe zurückgewinnen und bei starker Hitze etwa zehn Minuten einkochen lassen.
10. Am Ende des Garvorgangs das Gemüse in einem Behälter abtropfen lassen. In der Zwischenzeit bereite die hartgekochten Eier zu.
11. Tauche die frischen Eier in einen Topf mit viel kaltem Wasser. Den Herd einschalten und 9 Minuten ab dem Zeitpunkt des Kochens zählen.
12. Wenn sie fest sind, abgießen und unter kaltem Wasser abspülen. Nach dem Abkühlen schälen und in 4 Teile schneiden. Die Eierecken

in die Schüssel mit dem Gemüse geben. Den abgetropften Thunfisch ebenfalls dazugeben.

13. Sardellen in Öl und entsalzten Kapern (du kannst sie entsalzen, indem du sie unter fließendem Wasser abspülst), schließlich etwas Brühe hinzufügen.
14. Verwende den Stabmixer (eventuell reicht auch der klassische Mixer) und füge nach Bedarf mehr Brühe hinzu und mixe, bis du eine glatte Creme und die gewünschte Konsistenz erhältst.
15. Zu diesem Zeitpunkt sollte das Fleisch vollständig kalt sein.
16. Mit einem glatten Messer in dünne Scheiben schneiden. Die Scheiben in einer Servierschale anrichten und die erhaltene Sahne in die Mitte gießen.

Zum Schluss noch mit den Kapernfrüchten dekorieren, einige ganz und einige halbiert und fertig ist das Kalbfleisch mit Thunfischsauce.

Contorno – Fenchel nach Mailändischer Art (Lombardei)

Finocchi alla milanese

Fenchel alla Milanese, ursprünglich aus Mailand, ist eine typische Beilage, die sich in der ganzen Lombardei verbreitet hat. Ein einfaches und schmackhaftes Gericht, das zu jedem Gang passt. Du kannst in wenigen Minuten eine leckere und zugleich ungewöhnliche Beilage zubereiten, die Freunde und Verwandte begeistern wird. Auch bei der traditionellen Rezeptur werden Zutaten tierischen Ursprungs verwendet, doch mit ein paar einfachen Änderungen ist ein köstliches Gericht für alle Liebhaber veganer Lebensmittel fertig.

Zutaten für 4 Personen:

- 1 kg Fenchel (ca. 4 Fenchel)
- 100g Butter
- 1 Ei
- Semmelbrösel nach Geschmack
- Etwas Salz

Zubereitung:

1. Den Fenchel in einem großen Topf in reichlich Salzwasser kochen, bis er sich leicht mit einer Gabel aufspießen lässt.
2. Das Wasser abgießen, den Fenchel abtropfen und abkühlen lassen und der Länge nach in dicke Scheiben schneiden.
3. Das Ei aufschlagen und in einer Schüssel gut umrühren.
4. Die Scheiben zuerst in das geschlagene Ei geben, dann in die Semmelbrösel.
5. Die Butter in einer Pfanne schmelzen, dann die Fenchelscheiben auflegen und von beiden Seiten goldbraun braten. Zum Schluss salzen und heiß servieren.

Schau dir gerne zur Inspiration meine Bilder zu diesem Rezept mittels des QR-Codes an.

Dolce – Abruzzensteine (Abruzzen)

Sassi d'Abruzzo

Sassi d'Abruzzo (Abruzzensteine) sind leckere und unwiderstehliche Süßigkeiten, die mit gerösteten Mandeln, Zucker und Kakao zubereitet werden, eine faszinierende Mischung zum Knabbern. Sie werden normalerweise zu besonderen Anlässen und Umständen zubereitet, können aber auch eine saftige Idee für einen Snack oder ein Dessert darstellen.

Die köstlichen Abruzzensteine werden mit gerösteten Mandeln im Ofen oder in der Pfanne zubereitet und anschließend mit einer Mischung aus Wasser, Zucker und Kakao verfeinert. Sie werden in einem luftdichten Glasgefäß und an einem kühlen Ort aufbewahrt, um auch nach einiger Zeit verzehrt zu werden. Hier sind die Schritte, um das Rezept der Abruzzen-Steine zuzubereiten.

Zutaten:

- 1 kg Mandeln
- 900 g Zucker
- 30 g Bitteres Kakaopulver 30 g
- 125 ml Wasser

Zubereitung:

1. Zuerst die Mandeln im Ofen oder sogar in einer geeigneten Pfanne rösten, ohne die Schalen zu entfernen und darauf achten, dass sie nicht anbrennen.
2. In der Zwischenzeit in einem separaten Topf den Zucker mit einem halben Glas Wasser bei mittlerer Hitze auflösen. Wenn es zum Kochen kommt, den Kakao hinzufügen
3. Die Mandeln zum Zucker geben und so verrühren, dass jede Mandel gleichmäßig von der Zucker-Kakao-Mischung bedeckt ist
4. Nach dem Kochen, etwa nach einer halben Stunde, die Mandeln auf eine Arbeitsfläche gießen, voneinander lösen und vollständig abkühlen lassen

Ich habe dir ein paar Bilder von dieser fantastischen Nachspeise gemacht.

Sicilia

Sizilien ist die größte italienische Insel und ich erfreue mich an jeder Minute, die ich dort verbringen darf.

Es ist ein altes Land mit unzähligen, einzigartigen archäologischen Stätten, sonnigen Stränden, zahlreichen Archipelen und Inselchen.

Sicilia! Ich habe sie schon so oft als Reiseziel für meinen Urlaub am Meer gewählt. Die Insel ist für mich ein Ort, an dem ich die Kreativität, die ich im Leben und in der Küche brauche, aufladen kann.

Diese Insel, auch Trinacria genannt, bietet herrliche Strände mit kristallklaren Wasser, Tempel der griechisch-römischen Kolonien, Städte und Dörfer reich an großartigen Beispielen normannischer, mittelalterlicher, barocker und rokokoistischer Kunst und Architektur.

Zwei der aktivsten Vulkane der Welt befinden sich auf dieser Insel: Stromboli und der Ätna, wo man ungewöhnliche Lavalandschaften bewundern oder darauf sogar Skifahren kann.

Diese gewaltigen Formationen sind für mich noch wahre Wunder der Geschichte.

Reich an UNESCO-Welterbestätten, warm von der Freundlichkeit einladender und wundervoller Menschen, mit wilden und ruhigen Landschaften, weißen Stränden, die von türkisfarbenem Wasser umspült werden und diesen tosenden Vulkanen.

Noch Fragen warum ich immer wieder hierher zurückkommen muss?

Von den Vorspeisen bis zu den Desserts ist die sizilianische Küche ein ständiger Triumph der Sinne. Das Geheimnis liegt vor allem in den zahlreichen Herrschaften, die in Sizilien aufeinander folgten. Sie brachten die eigenen kulinarischen Traditionen mit, die dann von den Sizilianern neu interpretiert wurden.

Zum Beispiel stammen einige Produkte von den Griechen, die die Einfachheit und Reinheit des Körpers liebten.

Den Arabern verdanken wir die Kombination von Aromen wie süß und sauer, oder die Verwendung von Rosinen und Pinienkernen in Nudeln, scharfen Gerichten und mit Zimt oder Ricotta gefüllten Desserts.

Die Normannen teilten andererseits mit den Sizilianern die Salz- und Trockentechniken der großen Kabeljaus des Atlantiks, die Spanier die ausgeklügelten Gerichte wie die Arancini, die gebackenen Nudeln und die Franzosen die Verwendung von Mürbteig usw..

Basilicata

Weiße Strände und türkisfarbenes Meer, in die Felsen gehauene Dörfer, Parks und Burgen auf Bergen, die in Stille gehüllt sind. Basilikata sieht aus wie ein verzaubertes Land.

Lokale Kunst, Küche und Folklore sind aufgrund der zahlreichen Dynastien, die diese Region erlebt hat, reich an verschiedenen Einflüssen: Von den Griechen über die Normannen bis zu den Aragonesern. Am auffälligsten an der Basilikata ist jedoch die Schönheit ihrer üppigen und in einigen Bereichen wirklich unberührten Natur.

Die kleinen Dörfer auf den Hügeln scheinen perfekt auf die Landschaft abgestimmt zu sein, so dass es sich manchmal anfühlt, als würde man ein Gemälde betrachten.

Von den Sassi von Matera bis zu Christus, dem Erlöser von Maratea, von Potenza bis zu den lukanischen Dolomiten ist Basilicata eingebettet zwischen dem Tyrrhenischen und Ionischen Meer.

Diese Region Italiens überrascht mit ihrer Vielfalt an Landschaften, Ökosystemen und historischen und künstlerischen Reichtümern auf etwas mehr als 10.000 Quadratkilometern.

Straßen, die in einen unwirklichen Frieden getaucht sind, führen von den Bergen zum Meer, durch jahrhundertealte Wälder und über Hügel, die mit Oliven- und Orangenhainen bedeckt sind.

Und dann sitzen Dutzende von Dörfern auf einem Hügel, jedes der Verwalter eines besonderen Schatzes, bis zum Juwel des Sassi di Matera, wo du die Magie einer tausendjährigen Geschichte nacherleben kannst.

Das Menü 4:

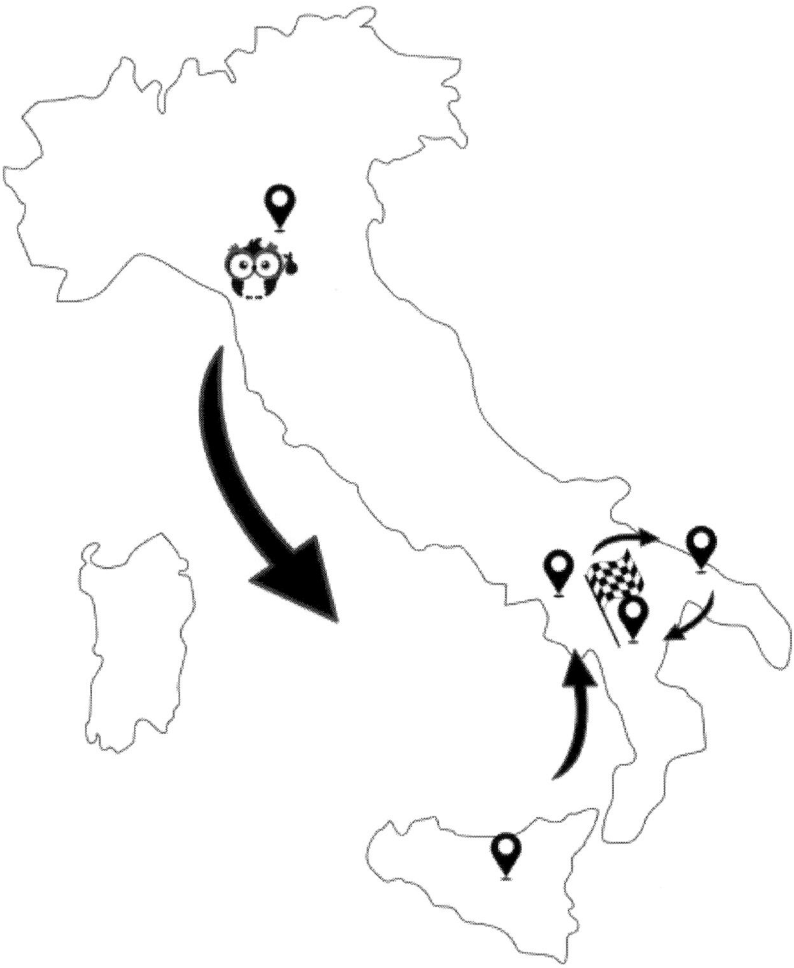

Antipasto – Frittierte Teigtaschen aus Modena (Emilia)

Gnocco fritto di Modena

Rechteckig, rautenförmig oder rund. Etwas kleiner als eine Handfläche oder so groß wie ein Teller. Noch ein Hinweis? Hier ist er: Die unverwechselbare goldene Farbe, welche durch das Frittieren entsteht. Nun ja, die Rede ist vom Lo Gnocco Fritto - oder vielleicht sollte ich sagen Il Gnocco Fritto. Ich weiß, das widersetzt sich jeder grammatikalischen Regel, aber in der Gegend Modena sieht man das anscheinend ein bisschen anders.

Der Gnocco fritto hat eine lange Geschichte. Tatsächlich ist Gnocco Fritto in seiner ursprünglichen Version nichts anderes als ein Ersatz für Brot aus einfachen Zutaten wie Mehl, Wasser, Salz und natürlich Schmalz, das sowohl im Teig als auch zum Frittieren verwendet wird.

Der Teig enthält keine Hefe. Dieser quillt dank der Wirkung von Mineralwasser auf natürliche Weise auf. Außerdem wird kein Öl beim Braten verwendet, sondern nur Schmalz. In einigen Fällen wird das Hinzufügen von Milch zum Teig akzeptiert, um ihn etwas weicher werden zu lassen.

Zutaten:

- 500 g Mehl
- 1 Löffel Schmalz
- 220 ml Wasser mit Kohlensäure
- 100 ml Milch
- 1 Teelöffel Salz

Zubereitung:

1. Das Mehl in eine Schüssel geben und mit der Milch, dem Wasser, etwas Salz und dem Schmalz vermengen. Anschließend alles gut durchkneten bis es einen geschmeidigen Teig ergibt.
2. Statt Wasser kann man alternativ auch 8 Gramm Hefe in der Milch auflösen.
3. Statt Schmalz kann man 2 Löffel Olivenöl verwenden.
4. Die Arbeitsfläche mit Mehl bestreuen, den Teig darauf geben und 8 - 10 Minuten weiterkneten, bis eine homogene Mischung entsteht.

5. Eine Kugel formen, in eine Schüssel geben, mit Frischhaltefolie abdecken und eine Stunde ruhen lassen.
6. Die Arbeitsfläche wieder mit etwas Mehl bestäuben und den Teig ausrollen.
7. Die Höhe des Teigs soll dabei dann ca. 3-6 mm betragen. Nun den Teig in Quadrate, Rechtecke oder Kreise schneiden.
8. Reichlich Öl in einer Pfanne auf 170 Grad / maximal 180 Grad erhitzen. Den Teig hineingeben und warten bis die Teigtaschen aufschwimmen und gold braun frittiert sind. Dies dauert ca. 2-3 Minuten. Jetzt aus der Pfanne nehmen und auf ein saugfähiges Papier legen.
9. Lasse dir den Gnocco Fritto mit Schinken, Salami, Käse und Oliven schmecken.

Primo – Pasta nach Norma Art (Sizilien)

Pasta alla Norma

Die Düfte und Aromen Siziliens, ein magisches Land, sonnig und wunderschön von Norden nach Süden und von Westen nach Osten.

Dieses Rezept Pasta alla Norma stammt aus dem Osten und es ist eines der berühmtesten der Insel.

Diese Spezialität aus Catania wurde als kulinarische Hommage an das schönste Werk des berühmten Komponisten Vincenzo Bellini kreiert: die Norma.

Ein leckeres Nudelgericht mit frischen Tomaten und einer Kaskade frittierter Auberginen. Aber es wäre keine Pasta alla Norma ohne die Zugabe von frischen Basilikumblättern und frisch geriebenem gesalzenem Ricotta, der am Ende des Garvorgangs hinzugefügt wird: Alle mediterranen Aromen vereint in einem einzigartigen Gericht!

Zutaten:

- 320 g Sedani Rigati
- 200 g gesalzener Ricotta
- 500 g Aubergine
- 1 Spritzer Olivenöl
- 2 Knoblauchzehen
- 850 g Kupfertomaten
- 10 g frisches Basilikum
- Nach Geschmack salzen
- Olivenöl zum Frittieren

Zubereitung:

1. Um Pasta alla norma zuzubereiten, wasche und trockne die Aubergine zuerst gut, schneide sie in etwa 8 mm dicke Scheiben und gebe sie in ein Sieb.
2. Mit Salz bestreuen und mindestens 15 Minuten abtropfen lassen. Richte in der Zwischenzeit die Tomaten an, wasche sie und entferne den Stiel. Schneide sie in Hälften.
3. Die Tomaten in eine Pfanne geben, mit einer Prise Salz, 3 Knoblauchzehen (kann man auch reduzieren, wenn man es nicht

mag, aber es zeichnet die Pasta alla Norma aus) und dazu noch ein Bund Basilikum.

4. Nun für 30 Minuten bei schwacher Hitze kochen, dabei geben die Tomaten ihr Wasser ab.
5. Nach 30 Minuten Knoblauch und Basilikum entfernen.
6. Jetzt die Tomaten mit einem Pürierstab gut durchmixen.
7. Sobald du die Sauce erhalten hast, in eine Pfanne geben, eine weitere Knoblauchzehe und einen Zweig Basilikum hinzufügen. Weitere 40 Minuten kochen lassen, dabei gelegentlich umrühren.
8. Die Auberginen gut abspülen und mit Küchenpapier abtupfen. Dann das Olivenöl in eine Pfanne mit hohem Rand geben und auf eine Temperatur von ca. 170-180 °C erhitzen.
9. Brate nun die Auberginen in der Pfanne gut an.
10. Es dauert ein paar Minuten, bis sie goldbraun sind. Jetzt mit einer Zange herausholen und abtropfen lassen und auf ein mit Küchenpapier ausgelegtes Blech legen.
11. Die restlichen Auberginen weiter braten und in der Zwischenzeit einen Topf mit Wasser auf den Herd stellen und die Nudeln kochen.
12. Wenn die Soße ziemlich dick ist, entferne das Basilikum, füge einen Esslöffel des Öls der Auberginen und einen Schuss Öl hinzu.
13. Die Pasta al dente kochen, abtropfen lassen und in die Sauce geben.
14. Die Nudeln auf einem Teller anrichten. Gebe die gebratenen Auberginen hinzu sowie reichlich geriebenen Ricotta Schafskäse. Zur Dekoration benutze gerne auch noch ein Basilikumblatt und serviere die Pasta alla Norma!

Lass dich von meinen Bildern inspirieren.

Secondo – Auberginenauflauf (Kampanien)

Parmigiana di melanzane

Es reicht schon den Namen dieses legendären Gerichtes zu nennen, damit es Ovationen gibt. Sie ist die Königin, die Trösterin niedergeschlagener Stimmungen: la parmigiana, die Aubergine Parmigiana.

Ein Rezept, das als Ursprung von Nord nach Süd geteilt und umstritten ist: Emilia Romagna, Kampanien (Parmigiana und Mulignane) und Sizilien (Parmiciana oder Patrociane) mit einigen Variationen von Zutaten und Zusammensetzung, aber alle absolut fabelhaft!

Der Name "Parmigiana" leitet sich vom sizilianischen "Parmiciana" ab, was im Dialekt auf den Stapel von Holzleisten der Fensterläden hindeutet: Denke tatsächlich daran, wie die Auberginenscheiben in einer Pfanne angeordnet sind, und du wirst die Ähnlichkeiten bemerken.

Du brauchst wenige Zutaten wie Tomaten, Auberginen, Basilikum und Käse. So viel Geschmack für ein Gericht, das ein Symbol der mediterranen Küche ist!

Zutaten:

- 1,7 kg Schwarze ovale Auberginen
- 1 kg Tomatenpüree
- 500 g Fiordilatte
- 150 g Parmigiano Reggiano DOP (zum Reiben)
- 1 goldene Zwiebeln
- Basilikum nach Geschmack
- Olivenöl nach Geschmack
- Schwarzer Pfeffer nach Geschmack
- Nach Geschmack salzen
- Öl zum Braten, für mehr Geschmack eignet sich Erdnussöl

Zubereitung:

1. Um die Auberginen-Parmigiana zuzubereiten, beginne mit der Sauce. Die Zwiebel putzen und hacken, in eine Pfanne geben, in der du das Öl erhitzt hast (den Boden bedecken). Einige Minuten bräunen lassen, dabei oft umrühren damit es nicht anbrennt, dann das Tomatenpüree hinzufügen.
2. Mit Salz würzen und die Basilikumblätter dazugeben, den Behälter mit etwas Wasser ausspülen und in den Topf gießen, dann bei schwacher Hitze 45-50 Minuten kochen. In der Zwischenzeit die Fiordilatte in Würfel schneiden und ein Stück, das am Ende verwendet wird, beiseite legen.
3. Die Würfel in einem Sieb in einer Schüssel abtropfen lassen, mit Plastikfolie abdecken und beiseite stellen: Dieses Verfahren wird verwendet, um die überschüssige Molke abzutropfen. Nimm nun die Auberginen, reinige diese und schneide sie in Scheiben.
4. Der Länge nach aufschneiden, um 4-5 mm dicke Scheiben zu erhalten. Wenn du fertig bist, brate die Auberginen in vorgewärmtem 170° Öl, indem du einige Stücke nacheinander eintauchst, sobald sie leicht golden sind, lasse sie auf einem Blech mit saugfähigem Papier abtropfen.
5. Wenn der Platz auf dem Blech aufgebraucht ist, lege mehr saugfähiges Papier auf die Auberginen und stapele diese.
6. Fahre schließlich mit der Komposition fort, indem du zunächst etwas Sauce in eine Auflaufform von 20 x 30 cm gießt.
7. Aus den Auberginenscheiben die erste Schicht formen, Tomatensoße einfüllen, verteilen und einige Fiordilatte-Würfel verteilen.

Contorno – Bohnen nach apulischer Art (Apulien)

Fagiolini alla pugliese

Grüne Bohnen nach apulischer Art sind, wie der Name schon sagt, eine typische und schmackhafte Beilage Apuliens. Die Bohnen werden in Salzwasser gekocht und dann zusammen mit einem Dressing aus geschälten Tomaten mit Olivenöl extra vergine etwas Knoblauch, Chili und Petersilie in einer Pfanne anbraten.

Apulien ist ein großzügiges Gemüseland. Dabei wird das lokale Gemüse gerne in Rezepten genutzt. Auch sogar in vielen ersten Gängen typischer Pasta, wie zum Beispiel die berühmte "Orecchiette mit Rübenspitzen".

Zutaten:

- 1 kg grüne Bohnen
- 2 Knoblauchzehen
- ca. 5 Esslöffel Extra natives Olivenöl
- 1 Frische Chili
- Nach Geschmack salzen
- 2 EL Petersilie zum Hacken
- 450 g Geschälte Tomaten

Zubereitung:

1. Um grüne Bohnen nach apulischer Art zuzubereiten, musst du zu allererst die Bohnen waschen und im Anschluss die Spitzen dieser abschneiden.
2. Diese jetzt in Salzwasser für etwa 15-20 Minuten kochen, dann in einem Sieb abtropfen lassen. Währenddessen die Petersilie waschen, hacken und die geschälten Tomaten passieren.
3. Gebe Öl in eine Pfanne und erhitze dieses. Nun die frische Chilischote, von der du zuerst die inneren Kerne entfernt hast, und den zerdrückten Knoblauch zum Bräunen hineingeben.
4. Das Tomatenpüree dazugeben und bei starker Hitze einige Minuten kochen lassen.
5. Dann die grünen Bohnen hinzufügen, mit Salz würzen und weitere 5 Minuten kochen lassen.

6. An dieser Stelle den Herd ausschalten, alles mit gehackter Petersilie bestreuen, gut vermischen und die grünen Bohnen nach apulischer Art servieren.

Tipp:

Grüne Bohnen aus Apulien sind eine appetitliche Beilage, die auch warm oder bei Zimmertemperatur serviert werden kann. Wenn du möchtest, kannst du die Bohnen auch zu Pasta mit viel geriebenem Käse genießen.

Bilder findest du wie immer über den QR-Code.

Dolce – Fritierte Cartellate aus der Basilikata

Cartellate lucane

Cartellate Lucane sind ein typisches Dessert der kulinarischen Tradition der Basilikata, sie werden während der Weihnachtszeit zubereitet und können, mit Honig oder Puderzucker bedeckt gegessen werden. Cartellate sind ein traditionelles Rezept auf der Basis von Mehl, Zucker und Eiern. Daraus entstehen knusprig frittiert Teigscheiben, krümelig und leicht zugleich. Sie dürfen auf den Tischen basilikater Familien nie fehlen und sind ganz einfach zuzubereiten.

Zutaten:

- 500 g 405er Mehl
- 1 Ei
- 1 Eigelb
- 125 g Schmalz
- 30 g Zucker
- 125 ml Weißwein
- etwas Puderzucker oder Honig (zum Dekorieren)
- etwas Erdnussöl (zum Braten)

Zubereitung:

1. In die Schüssel des Mixers das gesiebte Mehl, Zucker, das Ei sowie das Eigelb eines Eis, geschmolzenes Schmalz (nicht kochend) und Weißwein gießen.
2. Den Inhalt der Schüssel zu einem glatten und homogenen Teig verrühren.
3. Aus dem Teig eine Kugel formen, in Frischhaltefolie einwickeln und mindestens eine Stunde im Kühlschrank ruhen lassen.
4. Nach der Ruhezeit den Teig in 4 Teile teilen und mit einem Nudelholz oder einer Ausrollmaschine den Teig zu einer dünnen Bahn von ca. 2 mm Dicke ausrollen.
5. An dieser Stelle mit einem Zahnrad 3 cm breite und 30 cm lange Streifen schneiden.
6. Jeden Streifen mit den Fingerspitzen zusammendrücken und alle 3 cm die Kanten verbinden bis eine Art Blume entstanden ist (am besten du siehst dir die Bilder an).

7. Ordne die Cartellate auf einem Tablett an und lasse sie einige Stunden im Kühlschrank ruhen.
8. In einer Pfanne mit hohem Rand das Öl auf eine Temperatur von ca. 170 ° erhitzen.
9. Frittiere die Cartellate und wende diese oft, bis sie goldbraun sind.
10. Nach dem Garen mit einem Schaumlöffel aus der Pfanne holen und auf einem saufähigen Papier abtropfen und abkühlen lassen.
11. Mit Puderzucker die Cartellate dekorieren. Wenn du hingegen lieber Honig bevorzugst, schmelze diesen in einem Topf und verteilen ihn, sobald er flüssig wird auf dem Gebäck. Die lukanischen Cartellate sind bereit verkostet zu werden!

Varianten:

Cartellate sind auch Teil des apulischen Gebäcks: Das Rezept beinhaltet in diesem Fall keine Eier, sondern das gesiebte Mehl wird mit einer heißen Emulsion aus Öl und Weißwein kombiniert. Nach dem Frittieren werden die Cartellate in leicht erhitzten Glühwein getaucht.

Für ein vollmundigeres Braten kannst du die verschiedenen Kernöle durch natives Olivenöl extra ersetzen.

Falls du die Bilder zu dem Rezept noch nicht angeschaut hast, solltest du es jetzt tun.

Valle d'Aosta

Auf unserer Reise zur italienischen Halbinsel dürfen wir auf keinen Fall eine eingehende Tour im Aostatal verpassen. Das Valle d'Aosta ist eine Grenzregion, reich an Naturschönheiten und Denkmälern, Zeugen einer alten und glorreichen Geschichte.

Meine Reise in das Aostatal hat mit einem märchenhaften Ort begonnen. Dieser ist die Burg der Königin Margherita von Savoyen, die Ende des 19. Jahrhunderts am Fuße des Colle Ranzola erbaut wurde.

Das Dorf hat mich immer von meinen Gedanken abgehalten und meine Seele immer wieder befreit. Ein Spaziergang ohne Ziel, und ich war danach ein komplett neuer Mensch!

Die schneebedeckten Berge und die Skigebiete der Region sind ein wesentlicher Bestandteil der Identität des Aostatal. Die Geschichte, Kunst und Kultur, die diesen Ort zu einem immensen zu entdeckenden Erbe machen, sollten jedoch nicht unterschätzt werden.

Von Aosta über das Bard Fort bis zum Gran Paradiso National Park: Die ideale Reiseroute zwischen den wichtigsten Bergresorts, Schlössern und typischen Gerichten der Region.

Die beeindruckendsten Berge Europas als Kulisse für Dörfer und Weiden. Eine erstaunliche Natur voller Burgen und abermals: Museen, Kirchen und mittelalterliche Dörfer. Unendliche alte Spuren der Gegenwart des Römischen Reiches. Obwohl es die kleinste Region Italiens ist, bietet der Tourismus im Aostatal ein sehr reiches Erbe.

Aus verschiedenen Blickwinkeln. Es genügt zu sagen, dass es innerhalb seiner Grenzen sechs Gipfel gibt, die mehr als 4.000 Meter hoch sind: Den Gran Paradiso, die Dente del Gigante, die Grandes Jorasses, das Matterhorn, den Monte Rosa und den Mont Blanc (den höchsten Berg Europas). Nicht nur das: Im Aostatal gibt es mehr als 300 Gletscher und wichtige Flüsse, wie die Dora Baltea, die zu den Hauptzuflüssen des Po gehören.

Es ist jedoch falsch zu glauben, dass das Aostatal das ideale Ziel nur für Naturliebhaber ist. Diejenigen, die sich für Geschichte, Kunst und Kultur begeistern, werden nicht enttäuscht sein. Das Römische Reich ab 25 v. Chr. hat das Territorium in bedeutender Weise geprägt und es gibt keinen Mangel an alten Schlössern und einigen der interessantesten Megalithgebiete in Europa, die es zu besuchen gilt. Große Befriedigung auch für Feinschmecker. Tatsächlich ist die Speise- und Weintradition im Aosta-Tal reich an vollmundigen Fondues, Raclette, Pierrade und natürlich Genepy (oder Genepì), dem charakteristischen Kräuterlikör.

Campania

Kampanien hat nicht nur meinen Kochstil geprägt sondern auch meine Einstellung zum Leben selbst.

Der Charme der Magna Graecia besteht aus der Magie der römischen Ruinen, der Kraft der Vulkane, die wunderschönen kleinen romantischen Dörfer und kurvigen Küstenstraßen mit Blick auf das Türkis des Tyrrhenischen Meeres.

Kampanien ist ein Land der Kontraste, das starke Emotionen weckt.

Nach der Toskana ist es die italienische Region mit der größten Anzahl von Unesco als Weltkulturstetten, wie der Königspalast, der Park von Caserta, das archäologische Gebiet von Pompeji und Herculaneum, Paestum und die Amalfiküste.

Von unterirdischen bis zu untergetauchten Städten, von Vulkanen bis zu Solfataras, von römischen Tempeln bis zu königlichen Residenzen ist Kampanien jedoch nicht nur Kunst, Natur und Kultur, sondern auch Essen und Wein.

Weltweit bekannt sind die DOP-Produkte aus Kampanien wie Büffelmozzarella und Tomaten aus San Marzano oder die IGP-Produkte wie Artischocken aus Paestum und der „Annurca“ -Apfel aus Avellino.

Mit seinen ca. sechs Millionen Einwohnern überblickt Kampanien das Tyrrhenische Meer und grenzt an Latium, Molise, Apulien und die Basilikata an.

Es ist eine der bevölkerungsreichsten Regionen Italiens.

Und ich habe mich komplett in die Regiones verliebt.

Das Menü 5:

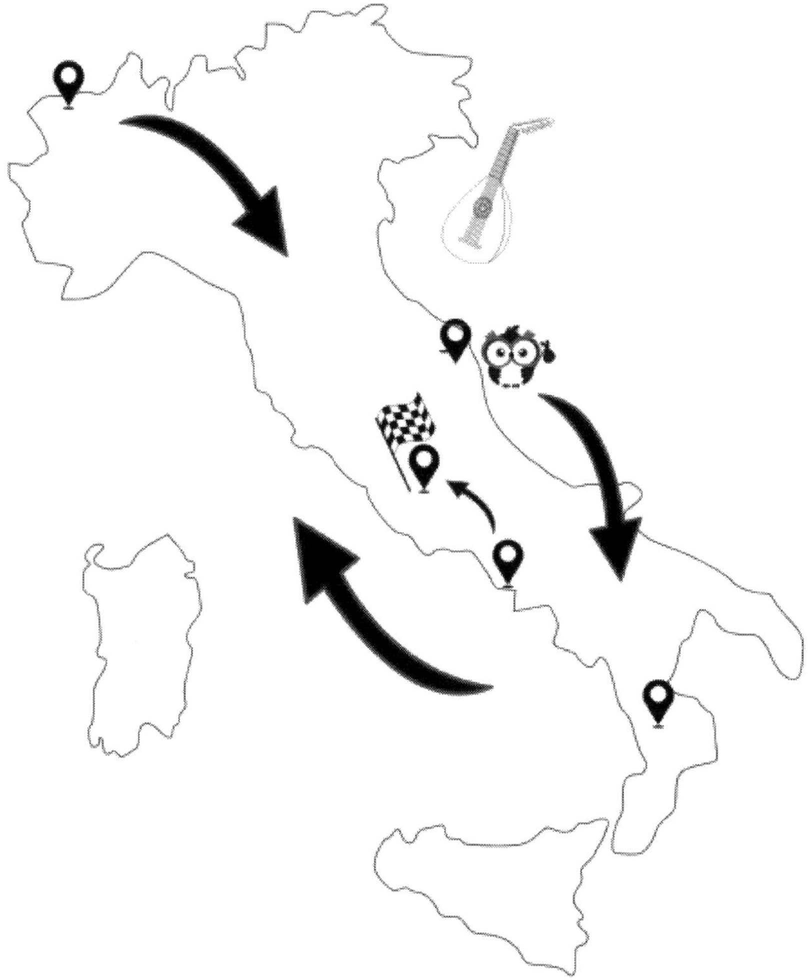

Antipasto – Oliven nach Ascolana Art (Marken)

Olive all'ascolana

Die Olive all'Ascolana sind sicherlich das repräsentativste traditionelle Gericht aus der Küche der Marken, das auf der ganzen Welt geschätzt und bekannt ist. Dieses antike Rezept stammt aus dem Ende des 19. Jahrhunderts und beinhaltet Hühnchen (oder Pute), kombiniert mit Parmigiano Reggiano, Gemüse und Kräutern.

Zutaten für ca 100 Oliven all'Ascolana:

- Ascolane Oliven weich 1 kg

Für die Füllung:

- 100 g Rinderschnitzel
- 100 g Schweineschnitzel
- 100 g Huhn
- 30 g Semmelbrösel
- ½ Zwiebel
- Muskatnuss nach Geschmack
- 80 g Parmigiano Reggiano DOP zum Reiben
- Zitronenschale einer ½ Zitrone
- 1 Prise gemahlene Nelken
- 1 kleine Karotten
- 1 kleiner Sellerie
- 1 Glas Weißwein
- 1 mittleres Ei
- Etwas Salz

Zum Panieren:

- 2 mittlere Eier
- 100 g Mehl nach Geschmack
- Semmelbrösel nach Geschmack

Zum Braten:

- Olivenöl extra vergine 500 ml

Zubereitung:

1. Das Gemüse (Zwiebel, Sellerie, Karotte) hacken und mit 3 EL Olivenöl anbraten. Die drei Fleischsorten in kleine Würfel schneiden und anbraten.
2. Wenn das Fleisch angebraten ist, etwas Salz dazugeben. Mit Weißwein ablöschen und bei schwacher Hitze verdampfen lassen.
3. Die Mischung vom Herd nehmen und abkühlen lassen. Alles nun gut klein mixen. Jetzt die Mischung in eine Schüssel geben, dazu das Nelkenpulver und die Muskatnuss, die abgeriebene Schale der halben Zitrone, ein Ei, den geriebenen Parmesankäse sowie die Semmelbrösel geben und alles gut verkneten, bis die Masse weich, aber kompakt ist. Alles nun für eine halbe Stunde ruhen lassen.
4. Oliven mit einem Olivenentsteiner entkernen.
5. Fülle nun die Oliven mit der Füllung. Achte dabei darauf, dass sie ihre ursprüngliche Form behalten.
6. Befülle jetzt drei Schüsseln jeweils mit Mehl, den verquirlten Eiern sowie den Semmelbröseln.
7. Wälze jede Olive zuerst im Mehl, dann im Ei und zuletzt in den Semmelbröseln. Wenn alle fertig sind, die Oliven für eine halbe Stunde an einem kühlen Ort ruhen lassen.
8. Wiederhole den Vorgang, um eine zweite Schicht Panade zu erhalten, damit sie zum Braten schön knusprig werden.
9. Jetzt kannst du die Ascolana-Oliven in heißen Olivenöl frittieren und sie von Zeit zu Zeit wenden, bis sie eine goldene und gleichmäßige Farbe erhalten.
10. Abtropfen lassen und auf einen Teller mit saugfähigem Papier legen.
11. Die gefüllten Oliven sehr heiß servieren.

Hier noch ein Bild wie diese aussehen sollten.

Primo – Pasta nach Ndujas Art (Kalabrien)

Fileja alla 'nduja

Ein typisches Gericht aus Kalabrien sind Nudeln alla 'Nduja. Dabei handelt es sich um kalabrische Pasta in einer Wurst-Tomatensauce.

Aber was sind eigentlich Fileja und ´Nduja?

Fileja ist eine Pasta-Art, die ursprünglich aus Vibo Valentia aus Kalabrien stammt. Sie ist wie die anderen Pastasorten aus Hartweizen, Salz und Wasser hergestellt, aber die Besonderheit ist die ungewöhnliche, aufwändig gefertigte Form.

Der Teig wird in etwa 20 cm lange dünne Rollen geschnitten und geformt, die anschließend leicht schräg über einen Eisendraht (oder Stricknadel) – gedreht werden, um eine leicht spiralige oder schraubenartige Form zu bekommen.

´Nduja ist eine sehr scharf gewürzte, streichfähige italienische Rohwurst, die ursprünglich aus Spilinga stammt, eine halbe Stunde südlich von Vibo Valentia gelegen. Heutzutage ist die 'Nduja in ganz Kalabrien verbreitet. Die ´Nduja-Mischung besteht aus Schweinefleisch, Salz und Chili, die in einen Schweinedarm gefüllt wird. Diese wird als Brotaufstrich oder zum Verfeinern von Saucen verwendet.

Nach dem Räuchervorgang reift die Wurst für mehrere Monate. Die charakteristische Schärfe erhält die ´Nduja-Wurst durch das vorherige Rösten der Chilischoten.

Es ist fast überflüssig zu betonen, dass `Nduja dank des exquisiten Geschmacks und der Schärfe durch so viel Chili, von manchen als Aphrodisiakum angesehen wird. Man mag skeptisch sein, aber `Nduja hat sicherlich positive Auswirkungen auf das Herz-Kreislauf-System.

Zutaten:

- 400 g Fileja
- 100 g `Nduja
- 500 g geschälte Tomaten
- Etwas Pecorino Käse
- 4 Esslöffel Natives Olivenöl extra
- 1 rote Zwiebel aus Tropea
- 1 Knoblauchzehe
- 1 Prise Salz

Zubereitung:

1. Etwas Natives Olivenöl extra zusammen mit der in kleine Stücke geschnittenen Zwiebel und der in 4 Teile geschnittenen Knoblauchzehe in eine Pfanne geben und erhitzen.
2. Jetzt die 'Nduja hinzufügen und die Salami schmelzen lassen. Wenn die 'Nduja gut geschmolzen ist, die geschälten Tomaten dazugeben und zu einer groben Sauce pürieren.
3. Die Hitze auf niedrig reduzieren und nun etwas kochen lassen. Einen Topf mit Wasser auf den Herd stellen und zum Kochen bringen, dann salzen und die Fileja dazugeben und al dente kochen.
4. Die Pasta abgießen und die Sauce einrühren, den Pecorino dazugeben und alles gut vermischen. Serviere die Fileja alla 'nduja mit einer zusätzlichen Prise Pecorino-Käse nach Geschmack.

Secondo – Schnitzel nach Valdostana Art (Aosta Tal)

Cotoletta alla valdostana

Die Steaks aus dem Aosta Tal sind ein ausgesprochener reichhaltiger und gehaltvoller zweiter Fleischgang, ein Gericht, das in den grünen Weiten des Tals geboren wurde.

Die Rindfleischscheiben werden mit Ei, Mehl, Butter und vor allem rohem Schinken und Fontina (Käse) gewürzt.

Wie werden Steaks aus dem Aosta Tal zubereitet? Die saftigen Steaks aus dem Aosta Tal werden zuerst im Mehl gewälzt, dann in die Eier und schließlich in die Semmelbrösel gegeben.

Anschließend werden sie in kochender Butter angebraten.

Zutaten:

- 800 g Kalbsscheiben
- 200 g Butter
- 150 g Kochschinken
- 125 g Fontina (Käse)
- 2 Eier
- Etwas 405 Mehl zur Panade
- Etwas Semmelbrösel zur Panade
- Eine Prise Salz
- Etwas Pfeffer

Zubereitung:

1. Lege die Kalbsscheibe zwischen zwei Blätter Küchenpapier. Schlage nun mit einem Fleischhammer darauf, um die Scheibe zu verdünnen.
1. Lege eine Scheibe Fontina (schmelzender Käse) und Kochschinken auf das Fleisch und falte diese.
2. Den Vorgang für alle Scheiben wiederholen.
3. Die Cotoletta (Schnitzel) von beiden Seiten ins Mehl geben und dann in die mit Salz und Pfeffer verrührten Eier geben. Zum Schluss mit den Semmelbröseln panieren.

4. Die Butter in einer Pfanne schmelzen und die cotoletta nacheinanderhinein geben.
5. Auf beiden Seiten ca. 5 Minuten anbraten, anschließend auf ein saugfähiges Papier legen und warm servieren.

Schaue dir gerne meine Bilder zu dem Rezept an.

Contorno – Kartoffel Gratin (Kampanien)

Gateau di patate

Lust auf einen schmackhaften rustikalen Auflauf? Das "gateau di patate" (ein Kartoffel-Kuchen) mit seiner unwiderstehlichen goldenen Kruste, garantiert dir ein saftiges Essen. Dieser gilt als Eckpfeiler der neapolitanischen Küche und wird auch in anderen Regionen Süditaliens wieder aufgegriffen. Das Gateau, im italienischen gattò oder gatò, erschien jedoch erst Ende 1700 auf den luxuriösen Tischen des Königreichs beider Sizilien „Regno Delle Due Sicilie".

Der Kartoffelkuchen ist ein typisches Gericht der neapolitanischen Küche, eine echte kulinarische Ikone, für die jede Familie ihr eigenes Rezept hat. Der französische Begriff bedeutet Kuchen, und im Italienischen bedeutet er eine Art Flan.

Der Legende nach wurde die Torte für das Hochzeitsmahl der Königin Maria Carolina, Tochter von Maria Theresia Lothringen-Habsburg, Ehefrau von Ferdinand I. Bourbon, im Jahr 1768 kreiert. Die neue Königin führte den französischen Geschmack in Neapel ein. So lernten die Neapolitaner die Technik und machten sie sich zu eigen und kreierten so dieses Rezept für das Hochzeitsbankett der Königin: Die Gruyère-Käse wurde durch das Fior di latte ersetzt. Die Pastete wurde mit gekochtem Schinken und Salami verfeinert.

Sogar der Name ging bald von Kartoffel-gateau zu Gattò. Jede Familie gibt ihre eigene Version dieses unwiderstehlichen Auflaufs weiter, und so werde ich auch mit dir mein eigenes Rezept teilen.

Das Schöne an diesem Gericht ist, dass du diese Kartoffel-Torte gut vorbereiten und im Kühlschrank entweder roh, bereits kochfertig oder fertig gekocht aufbewahren kannst. Am nächsten Tag im Backofen oder in der Mikrowelle aufgewärmt schmeckt es noch besser!

Zutaten:

- 2 Eier
- 50 g Parmesan
- 50 ml Vollmilch
- 200 g frisch geräucherter Provola (oder geräucherter Scamorza, oder Mozzarella)
- 150 g gewürfelter gekochter Schinken

- Salz
- Pfeffer (wahlweise)
- ein paar Scheiben Butter
- Semmelbrösel
- ein paar Zweige Rosmarin oder frischer Thymian zum Vervollständigen (optional)

Zubereitung:

1. Spüle die Kartoffel ab und lege sie in einen großen Topf mit Wasser. Bei geschlossenem Deckel ca. 30 Minuten kochen lassen bis diese schön weich sind.
2. Das Wasser abgießen, etwas abkühlen lassen und dann schälen. Am besten gelingt es wenn die Kartoffeln immer noch warm sind. Nun mit Hilfe eines Kartoffelstampfers diese gleichmäßig zerdrücken.
3. Wenn die Kartoffeln zerdrückt sind, wende sie und lasse sie einige Minuten abkühlen.
4. Gebe die Eier hinzu und auch gleich den Parmesan, Milch, Salz und Pfeffer. Mit Hilfe eines Holzlöffels alles miteinander vermischen.
5. Gut wenden, bis die Masse samtig und klumpenfrei ist.
6. Füge den gewürfelten Käse und gekochten Schinken zur Kartoffelmischung hinzu.
7. Die Masse mit Hilfe des Holzlöffels wenden, sodass sich die Käse-Schinken-Füllung perfekt mit der Masse vermischt.
8. Eine sich öffnende Form einfetten und gut mit den Semmelbröseln bestreuen.
9. Gib die Mischung deiner Kartoffeltorte in die Form und glätte die Oberfläche mit Hilfe des Löffels. Gehe dabei vorsichtig vor, damit die Semmelbrösel nicht aus der Form rutschen.
10. Die Oberfläche mit Semmelbröseln bestreuen und einige Butterflocken hinzufügen für die Kruste.
11. Alternativ kann man noch ein Ei auf der Oberfläche verstreichen, damit die Kruste noch goldener wird. Die Form in den auf 180° vorgeheizten Backofen für etwa 30 Minuten geben. Sobald die Kartoffeltorte fertig ist, ist sie dampfend heiß und kann genossen werden!

Dolce – Weinkekse aus Latium (Latium)

'Mbriachelle alla romana

Diese Kekse, auch als "Ciambelline al vino" bekannt, sind eines der wichtigsten Produkte der Konditoreien in Latium. Diese waren nie so berühmt wie andere italienische Spezialitäten, selbst wenn man bedenkt, dass es Rom mit seiner einzigartigen historischen Geschichte gibt. Die einzigen wirklich typisch römischen Süßigkeiten sind die Maritozzi (Brötchen mit Ei, Butter und Honig, manchmal mit Pinienkernen und Sultaninen) und die Ricotta-Torte.

Noch zahlreicher sind die typischen Süßigkeiten aus Latium, die aber immer bäuerlicher und pastoraler Natur sind, mit einem einzigen Konzept von Zutaten: Nur die, die man schon zu Hause hat, ohne weitere Einkäufe tätigen zu müssen. Also Mehl, Eier, Honig, Zucker, Wein und Öl. Höchstens ein wenig Ricotta-Käse oder Trockenfrüchte.

Es handelt sich um arme, trockene Desserts, die früher als zweitklassig galten, heute aber dank der von der großen Süßwarenindustrie durchgesetzten Standardisierung des Geschmacks immer beliebter werden.

Unter diesen Produkten nehmen Weinkekse und Ciambelline, aufgrund der zahlreichen Variationen des Grundrezepts, eine herausragende Stellung ein. Es gibt Kese mit Weißwein, Rotwein, trockenen Wein, Süßwein, Likörwein, Most und Vin Cotto. Sie werden aus Weiß-, Mais- oder Vollkornmehl hergestellt und mit Trockenfrüchten (Mandeln, Haselnüssen und Walnüssen) und verschiedenen Aromen verfeinert. Es handelt sich um bröckelige kleine Kekse mit einem echten süßen und weinigen Geschmack, der sich hervorragend dazu eignet, mit einem anderen Wein verzehrt zu werden, daher der Beiname "ubriachelle" oder "mbriachelle", wie er im römischen Dialekt genannt wird. Dies bedeutet umgangssprachlich „angeheitert".

Sie werden sowohl mit trockenen als auch mit Stroh Weinen (wie Passito oder Marsala) gereicht, aber ideal sind einer der vielen süßen Weißweine des Latiums, wie Moscato di Terracina, Cannellino, die verschiedenen Süßweine der Castelli und sogar der berüchtigte Romanella.

Weinkekse können auf verschiedene Weise aromatisiert werden. Anstelle von Anissamen können zum Beispiel Kakao, Zimt oder gemahlene Mandeln in das Rezept aufgenommen werden. Der Anis ist die traditionellste Geschmacksrichtung, kann aber sehr gut (und zunehmend) durch einen oder zwei Esslöffel Anislikör, in Rom typischerweise Sambuca, ersetzt werden.

Zutaten für ca. 35-40 Weinkekse:

- 500 g Mehl
- 90 g Zucker
- Ein großes Glas süßer Wein
- Ein gestrichener Löffel zerkleinerte Anissamen
- Natives Olivenöl extra

Zubereitung:

1. Auf einem Nudelbrett das Mehl (einen großen Löffel für später zur Seite stellen) mit dem Zucker, Anissamen und einer Prise Salz mischen. Forme aus der Mischung einen Brunnen und gieße 4 Esslöffel Öl in die Mitte. Beginne nach und nach so viel Wein zuzugeben wie erforderlich ist, um eine glatte und feste aber nicht zu harte Mischung zu erhalten.
2. Forme aus dem Teig eine Kugel, gebe diese in eine Schüssel und lasse sie etwa eine Stunde ruhen.
3. Jetzt den Teig ausrollen und in kleine Stücke teilen. Mit bemehlten Handflächen zu etwa 20-22 cm lange und kleine fingerdicke Rollen formen.
4. Falte jede Rolle zu einem Ring und verschließe die Enden mit etwas Druck, um die Weinkekse zu formen.
5. Die Kekse auf ein leicht mit Öl gefettetes Backpapier auf das Backblech legen und mit etwas Kristallzucker bestreuen. Alternativ kann man auch Puderzucker verwenden.
6. Im vorgeheizten Backofen die Kekse bei 200° goldbraun für ca. 20-25 Minuten backen.
7. Sobald sie fertig sind aus dem Ofen nehmen und vor dem Servieren vollständig abkühlen lassen.

Calabria

Die Spitze des Stiefels wird von einer Region besetzt, die reich an Geschichte und Kultur ist, mit wunderbaren Attraktionen, spektakulären naturalistischen Schönheiten, einer beneidenswerten kulinarischen Tradition: Kalabrien.

Mit fast 800 Kilometern Küste, die vom Ionischen und Tyrrhenischen Meer umgeben ist, gehört Kalabrien ein Zehntel des Küstenprofils der Halbinsel. Aber was den alten Kalon-Brion (was auf Griechisch "Ich mache es gut" bedeutet) einzigartig macht, sind seine Kontraste: In wenigen Kilometern wechseln sich schwer erreichbare Dörfer mit schroffen Bergen und goldenen Stränden ab.

Der Grenzpunkt zwischen Ost und West, zwischen Nord und Süd wurde im Laufe der Jahrhunderte von zahlreichen Völkern aus dem gesamten Mittelmeerraum überschritten. Genau aus diesem Grund ist es heute das Ergebnis verschiedener Kulturen, die die Geschichte tiefgreifend geprägt haben: Von den Griechen bis zu den Römern, von den Juden bis zu den Arabern, von den Byzantinern bis zu den Spaniern.

Kalabrien wurde vor 1972 von den großen Touristenrouten oft übersehen und geriet dank der Entdeckung zweier imposanter Bronzestatuen im

Meer, die als Bronzi di Riace (Riace Bronzen) berühmt wurden, ins Rampenlicht der ganzen Welt.

Mit schneebedeckten Gipfeln und dichten Wäldern, die sich mit Seen und Wasserfällen abwechseln, hat Kalabrien eine lange Geschichte voller Charme und ein außerordentliches archäologisches Erbe. Normannen, Griechen, Araber und Römer haben diese Region geprägt.

Zu den vielfältigen Naturschönheiten kommen unglaublich faszinierende Dörfer mit Blick auf das Meer oder das unberührte Hinterland hinzu, in denen du die typischen Produkte einer köstlichen kulinarischen Tradition probieren kannst.

Umbria

Umbrien ist das Land der Heiligen, Künstler, Kirchen und Burgen, alten Dörfer und Kunststädte. Diese Region verzaubert jeden, der sich entscheidet, ihn zu besuchen.

Sein Territorium ist geprägt von herrlichen Hügeln, Weinbergen und Olivenhainen, Wäldern und bebauten Feldern. Die Kultur und Traditionen der Antike überleben in Folklore- und Dorffesten.

Es ist das grüne Herz Italiens. Aufgrund seiner großen, nicht bebauten Grünflächen und der herrschenden Natur gilt dieses Land als die Lunge Italiens.

Eine alte Region, die von Umbriern (Umbri) und Etruskern bevölkert und dann von den Römern erobert wurde.

Die Zeugnisse ihrer glorreichen Vergangenheit sind in den charmanten Städten und malerischen Dörfern bewahrt.

Einzigartige Landschaften wie die Marmor-Wasserfälle oder den Trasimenischen See, konnten in den Jahrzehnten berühmte Reisende wie Goethe, Stendhal und Byron verzaubern.

Wie hätte ich diesem Charme widerstehen können?

Und dazu ist Umbrien noch ein Land mit großartigen Speisen und Weinen.

Es ist kein Zufall, dass Umbrien auch bei Reisenden wegen seiner Köstlichkeiten sehr beliebt ist.

Das Menü 6:

Antipasto – Gebratener Käse (Abruzzen)

Cacio fritto

Die Abruzzen sind seit jeher ein Land der Wanderschaft und sind immer noch sehr an die Traditionen und Produkte ihres Territoriums gebunden.

Darunter sticht der Pecorino hervor, ein sehr schmackhafter Käse aus Schafsmilch, der einst das Grundnahrungsmittel der Familien war, die von der Schafzucht lebten.

Da nur wenige Zutaten zur Verfügung standen, war es die Aufgabe der Frauen, ihre Familie zu ernähren, und so wurde der gebratene Käse geboren.

Eingehüllt in einen einfachen Teig aus Mehl, Wasser und Eiern wird gebratener Käse immer noch in Restaurants als leckere Vorspeise angeboten, aber auch auf Dorffesten wird er neben der unvermeidlichen Pizza leicht zu finden sein!

Zutaten:

- 450 g halbgewürzter Pecorino
- 250 g 405er Mehl
- 200 g kaltes spritziges Wasser
- 2 Eier
- 1 TL Salz
- Etwas Mehl zum panieren
- Sonnenblumenöl zum braten

Zubereitung:

1. Um den cacio fritto, den gebratenen Käse zuzubereiten, schneide zuerst den Pecorino in 1 cm dicke Scheiben.
2. Jetzt die Eier in eine Schüssel schlagen, salzen und etwas Mehl hinzufügen.
3. Mit einem Schneebesen umrühren, dabei abwechselnd Wasser und Mehl hinzufügen.
4. Du benötigst einen flüssigen, aber keinen wässrigen Teig.
5. Gieße jetzt das Öl in einen Topf und bringe es auf eine Temperatur von 190°-200°.

6. Die Käsescheiben von beiden Seiten in den Teig tauchen und den Überschuss abtropfen lassen.
7. 1 oder 2 Stück auf einmal etwa 60-90 Sekunden braten, bis sie goldbraun sind. Den gebratenen Käse auf saugfähigem Papier abtropfen lassen und heiß servieren!

Ich hoffe, dir schmeckt der heiße Pecorino so gut wie mir. Sieh dir meine Bilder über den QR-Code an.

Primo – Orecchiette mit Rübenspitzen (Apulien)

Orecchiette alle cime di rapa

Jeder “pugliese” fühlt sich gleich bei einem Piatto Orecchiette con le cime di rapa zu Hause! Orecchiette mit Rübenspitzen, auch "recchitelle" oder "strascinati" genannt, sind eines der repräsentativsten typischen Gerichte Apuliens, insbesondere in der Provinz Bari. Dieser Primo piatto, erster Gang, wird in der gesamten Region zubereitet, auch mit verschiedenen Beilagen wie Brokkoli oder Tomatensauce.

Das Geheimnis dieses Gerichts liegt in der optimalen Zubereitung von Gemüse mit Pasta, die Erfahrung und das Wissen über die Rohstoffe ermöglichen es dir, ein perfektes Gericht zu erhalten.

Orecchiette mit Rübenspitzen ist ein traditionelles Bauerngericht, einfach, aber mit einem einzigartigen Geschmack, der aus der Vereinigung starker Aromen entsteht.

Zutaten:

- 1 kg Kohlrabi
- 50 g Semmelbrösel
- Nach Geschmack salzen
- 1 Knoblauchzehe
- Sardellen in Öl (3 Filets)
- 30 g Olivenöl
- 300 g Orecchiette Pasta
- Für 300 g frische Orecchiette Pasta (alternativ auch im Supermarkt erhältlich)
- 100 ml warmes Wasser
- 200 g gemahlener Hartweizengrieß
- Nach Geschmack salzen

Zubereitung:

Die Orecchiette Pasta kann in Deutschland in gängigen Supermärkten gekauft werden. Wenn du allerdings Lust hast diese selbst zu machen, folge meiner Anleitung:

1. Um die Orecchiette zuzubereiten, gib zuerst das gemahlene Hartweizengrießmehl auf ein Nudelbrett, mache eine Mulde und gib eine Prise Salz auf das Mehl. In die Mitte gießst du das Wasser mit Raumtemperatur und beginnst mit den Fingern das Mehl einzuarbeiten. Knete dann bis es einen homogenen und elastischen Teig ergibt.
2. Die Bearbeitung dauert etwa zehn Minuten. Gib dem Teig eine runde Form und decke ihn mit einem Tuch ab: Er muss etwa 15 Minuten bei Raumtemperatur ruhen.
3. Nimm nach der Ruhezeit ein Stück Teig, während du den Rest mit dem Tuch bedeckt lassen kannst. Rolle den Teig bis er eine dicke von ca. 1 cm hat und schneide ihn in kleine Stücke.
4. Jetzt forme mit Hilfe eines glatten Messers Muscheln. Fahre fort, bis du den gesamten Teig fertig hast und die apulischen Orecchiette hergestellt hast.

Für das Rübengrün:

1. Wasche und entferne die äußeren Blätter.
2. In der Zwischenzeit einen Topf mit reichlich gesalzenem Wasser auf den Herd stellen, in dem anschließend der Kohlrabi gekocht wird. Sie müssen etwa für 5 Minuten gekocht werden.
3. In eine große Pfanne die Hälfte des Öls gießen und das Paniermehl dazugeben. Bei mittlerer Hitze bräunen, bis es goldbraun ist, dann beiseite stellen.
4. In einer anderen Pfanne das restliche Öl, eine zerdrückte Knoblauchzehe und die abgetropften Sardellenfilets geben. Mit einem Holzlöffel umrühren, um die Sardellen darin zu schmelzen. Es dauert ein paar Minuten, bis das Sauté gewürzt ist und wenn es fertig ist, kannst du den Knoblauch entfernen und dann die Hitze ausschalten.
5. Koch die Orecchiette für ca. 5 Minuten. Lasse diese abtropfen und gebe die Pasta in den Pfanne zu dem Rübengrün.
6. Kurz alles in der Pfanne wenden und mit einer Prise Salz würzen und füge einen Schuss Olivenöl und die geröstete Semmelbrösel hinzu.

Willkommen in Apulien. Sieh dir gerne die Bilder zu dem Rezept an und lass es dir schmecken.

Secondo – Eier im Fegefeuer (Kampanien)

Uova al purgatorio

Eier im Fegefeuer (im Dialekt „ova mpriatorio“) sind ein typischer zweiter Gang der kampanischen Küche.

Der Name leitet sich von der Tatsache ab, dass das Eiweiß der Eier in der Soße hervorsticht wie Seelen im Fegefeuer zwischen den Flammen.

Es ist ein sehr einfaches Rezept in der Zubereitung, schnell und sehr lecker. Dieses Gericht wird dich so begeistern, dass du zum Schluss den Rest der Soße mit etwas Brot aufnehmen und genießen wirst. Im Italienischen spricht man hier vom “Scarpetta”.

Fare la scarpetta (einen kleinen Schuh machen) bedeutet die Handlung des Auftunkens der übriggebliebenen Soße auf dem Teller mit einem auf der Gabel aufgespießten, oder noch häufiger in der Hand gehaltenen Stück Brot.

Halte dieses Rezept griffbereit für all die Momente, in denen du dich nach etwas Leckerem sehnst, aber nicht viel Zeit hast oder nicht wirklich zu viel Zeit in der Küche verbringen möchtest.

Zutaten:

- 300 g passierte Tomaten
- 20 g Zwiebel
- 4 Esslöffel natives Olivenöl extra
- 2 Eier
- etwas Salz
- gemahlenen schwarzen Pfeffer

Zubereitung:

1. Die Zwiebel schälen, hacken und in einer beschichteten Pfanne mit zwei Esslöffel Olivenöl anbraten. Die passierten Tomaten dazugeben und etwa zehn Minuten bei mittlerer Hitze kochen lassen, jedoch nicht zu heiß.
2. Füge die Eier hinzu und achte darauf, das Eigelb nicht zu verquirlen. Mit etwas Soße bedecken und eine feine Prise Salz dazugeben.
3. Die Soße in der Pfanne, mit einem Deckel darauf, für etwa 6-7 Minuten bei mittlerer Hitze kochen lassen. Füge ein wenig gemahlenen schwarzen Pfeffer hinzu (optional).

4. Mit einem großen Spatel die Eier im Fegefeuer auf den Teller geben, damit sie nicht zerbrechen und mit etwas Brot servieren.

Tipp:

Die Kochzeit hängt vom persönlichen Geschmack ab. Für ein weicheres Eigelb alles etwas kürzer kochen, wenn du allerdings ein festes Eigelb bevorzugst, sollten 6-7 Minuten ausreichen.

Contorno – Paprika und Kartoffeln (Kalabrien)

Pipi e patati

Dies sind die ersten Wörter aus dem kalabrischen Dialekt, die ich gelernt habe: *pipi e patati* (Paprika und Kartoffeln). Für mich ist das eine perfekte Beilage, weil diese einfach und schnell gekocht werden kann und vor allem sehr lecker ist. Dieses Gericht galt früher als Essen für arme Leute. Heute kannst du es als vegetarische Beilage der typisch kalabrischen Küche genießen.

Heiß serviert schmeckt *pipi e patati* sehr gut, aber auch lauwarm kann es jeden Gaumen erfreuen. Und in einem *panino con la salsiccia* (ein Brötchen mit italienischer Wurst) schmeckt es ebenfalls hervorragend! Das Hauptgeheimnis seines Erfolgs ist das langsame Garen aller Zutaten, damit sie sich gut vermischen können.

Zutaten:

- 4 Paprika
- 8 mittelgroße Kartoffeln
- Natives Olivenöl extra
- Oregano (optional)
- Etwas Salz
- 1/2 Zwiebel

Zubereitung:

1. Die Paprika waschen, trocknen und halbieren und anschließend in Streifen schneiden.
2. Die Zwiebel ebenfalls in dünne Streifen schneiden.
3. Die Kartoffeln schälen, waschen und in längliche Scheiben von der Größe der Paprika schneiden.
4. In eine beschichtete Pfanne mit viel Olivenöl geben und sie bei schwacher Hitze braten. Mit einem Holzlöffel umrühren.
5. Wenn sie fast fertig sind, die Paprika und Zwiebeln dazugeben und weiter kochen lassen.
6. *Pipi e patati* sind jetzt bereit serviert zu werden.

Buon appetito!

Dolce – Spitzbuben Kekse aus Umbrien

Biscotti birbanti umbri

Pinienkerne, Zimt, Zitrone: Aromen für Spitzbuben! Dies sind die sehr duftenden Gewürze, die bei der Verkostung der typischen umbrischen Kekse freigesetzt werden. Das sind kleine Scheiben, die innen weich und außen knusprig sind, typisch für diese Region, das Herz Italiens.

Sie sind perfekt zum Servieren auf dem Desserttablett und eignen sich zum Tee, neben Butterkeksen mit Marmelade, Schokoladenkeksen und kleinen würzigen Süßigkeiten.

Die Kekse eignen sich perfekt zur Wiederverwendung von übrig gebliebenem Eiweiß und sind Teil jener traditionellen regionalen Rezepte, die weitergegeben werden müssen, um die einfachen und kostbaren Aromen der Vergangenheit auf den Tisch zu bringen: Ich liebe es, in den Rezeptbüchern der alten Großmütter zu stöbern, um diese kleinen Perlen zum Leuchten zu bringen.

Diese teile ich gerne mit dir.

Zutaten:

- 160 g Zucker
- 110 g Mehl 405
- 70 g Pinienkerne + 20 g zum Dekorieren
- 2 Eiweiß
- Etwas geriebene Zitronenschale
- 1 TL Zimt
- eine Prise Salz

Zubereitung:

1. Das Eiweiß in einer Schüssel steif schlagen und dann den Zucker nach und nach dazu geben jedoch zwischen jeder Zugabe eine Minute warten, um schönen dicken Eiweißschnee zu erhalten.
2. Das Mehl, 70 g Pinienkerne, Zimt und Zitronenschale in einer Schüssel mischen.
3. Kombiniere diese Zutaten vorsichtig mit dem Eiweiß und achte darauf, dass der Schnee nicht zerfällt.
4. Lege ein Backblech mit Backpapier aus und verteile mit einem Löffel 15 Häufchen der Mischung mit Abstand zueinander.

5. Die Häufchen mit den restlichen Pinienkernen bestreuen und bei 180 Grad ca. 13-14 Minuten backen. Darauf achten, dass diese nicht zu dunkel werden.
6. Sobald sie fertig sind, nimm sie aus dem Ofen und lasse sie abkühlen.
7. Die Kekse auf einen Teller oder in eine schöne Schachtel legen. Sie sind bereit!

Tipp:
Für einen noch ausgeprägteren Pinienkerngeschmack kannst du sie leicht in einer Pfanne rösten, bevor du sie zu deinem Teig hinzufügst. In diesem Fall gut abkühlen lassen!
Wenn du den Duft von Zimt und extreme Süße liebst, kannst du die Kekse mit einem Teelöffel Puderzucker, der mit etwas Zimt vermischt ist, bestreuen.

Piemonte

Berge, Seen, Hügel und Ebenen. In einer abwechslungsreichen und faszinierenden Landschaft versammelt das Piemont Städte, die für ihre architektonischen und historischen Schönheiten bekannt sind.

Ich erinnere mich an Spaziergänge zwischen atemberaubenden Alpenkämmen, Seen mit auffälligen historischen Häusern und eleganten Kunststädten voller Geschichte.
Es ist leicht, sich in Orta San Giulio am Ortasee oder in die bekannteren Borromäischen Inseln am Lago Maggiore zu verlieben.
Von hier ist man schnell in den Bergen, wo man tagelang inmitten der unberührten Natur des Naturparks Alpe Veglia und Devero oder des Val Di Susa wandern kann.

Ich erinnere mich noch so gut an den Charme der piemontesischen Hauptstadt Turin! Eine Stadt, die mich mit der Eleganz ihrer Plätze, Cafés, historischen Kunststätten überrascht hat.
Und schließlich habe ich mich verlaufen ... zwischen den Weinbergen! Denn so wird es im Lande gemacht. Zwischen historischen Dörfern und Schlössern, kann man die Landschaft auf einer Bank oder beim Picknick genießen und bei einem guten Glas Wein in der Hand entspannen!

Sardegna

Von der Costa Smeralda bis Barbagia, von Maddalena bis zum Nuraghi... die Wiege der nuragischen Zivilisation, ist Sardinien die zweitgrößte Insel im Mittelmeer nach Sizilien.

Eine besondere Region, beginnend mit ihrem Statut, das sie innerhalb der Italienischen Republik autonom macht, und der Verwalter einer Geschichte, die sie zu einer Insel mit einzigartigen ethnischen und sprachlichen Besonderheiten macht.

Die Costa Smeralda, der Maddalena-Archipel, Cala Volpe und Capricciolo gehören zu den bekanntesten Reisezielen im Mittelmeerraum.

2000 Kilometer Küste, karibische Strände, Inseln, Städte und unermessliche Wunder des Hinterlandes. Sardinien ist eine einmalige Ecke des Paradieses. Das schönste Meer Italiens befindet sich auf dieser Insel. Über die Küste hinaus kann man

Dörfer, Nuraghen (prähistorische Turmbauten der Bonnanaro-Kultur (2200-1600 v. Chr.) und unberührte Natur entdecken.

Einer der häufigsten Fehler, den Reisende bei einem Besuch auf Sardinien machen, besteht darin sich nur auf die wichtigsten Städte zu konzentrieren.

Wenn du die Insel, ihren Charakter und ihre Natur wirklich kennenlernen möchtest, glaub es mir, solltest du die kleinen Ecken abseits der Städte entdecken, die authentischsten und eindrucksvollsten Orte, die sich von Norden nach Süden befinden und einen besonderen Charme bieten eine Geschichte, die es zu kennen gilt.

Die zweitgrößte Insel des Mittelmeers bietet viel mehr als die herrlichen Strände, die sie berühmt gemacht haben.

Sich nur auf diese zu konzentrieren wäre es nur ein Fehler. Auf diese Weise bekommst du einen eingeschränkten Blick auf Sardinien: In die Kultur eintauchen, die am weitesten von den Touristenorten entfernten Dörfer besuchen und die verführerischen Landschaften der Insel, die Gebäude von großem architektonischen Wert und die anregenden historischen Stätten zu besuchen, ist wertvoll.

Das Menü 7:

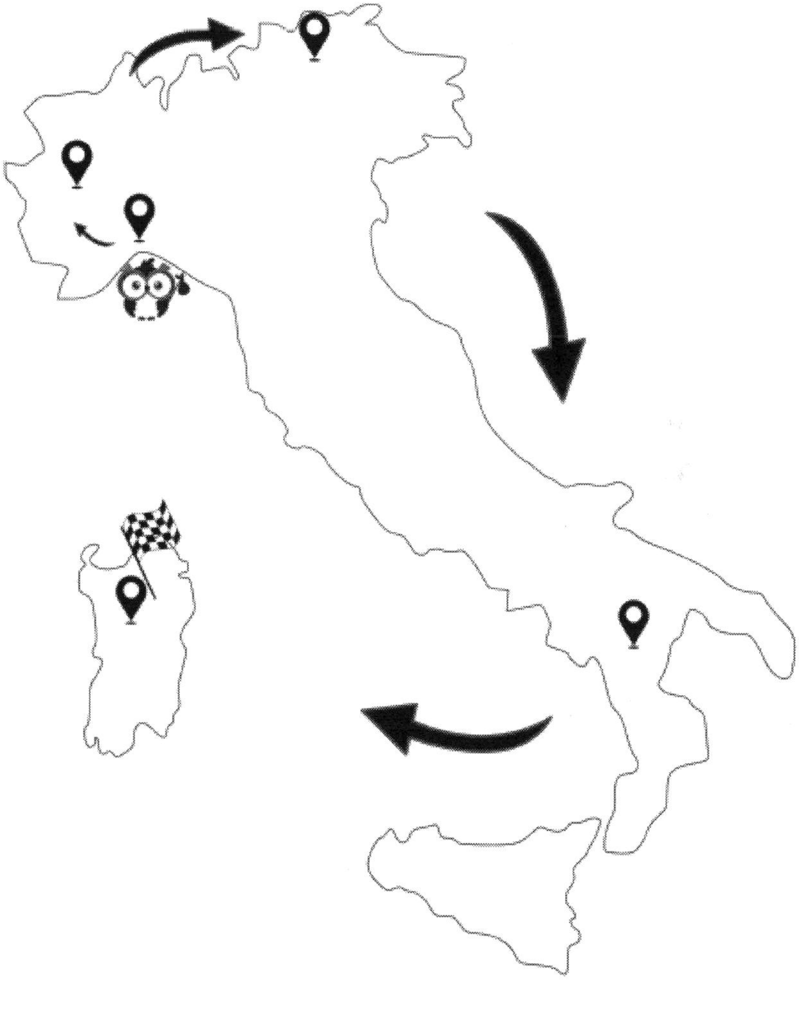

Antipasto – Kichererbsenfladen (Ligurien)

Farinata di ceci

Die Farinata di ceci ist eine sehr herzhafte Pastete aus Wasser und Kichererbsenmehl, die in einem Holzofen gebacken wird, bis sie eine köstliche goldene Kruste bildet.

Heute biete ich dir jedoch das Rezept an, um es in deinem heimischen Backofen zu machen!

Kichererbsen Farinata ist eine ligurische Spezialität, besonders typisch für die Stadt Genua, aber mit einem sehr alten Ursprung, der wahrscheinlich bis in die griechische und die Antike zurückreicht.

Der Legende nach stammt Farinata jedoch aus der Zeit der „Repubbliche Marinare", Seerepubliken und besagt, dass Farinata, wie wir es heute kennen, im Jahr 1284 geboren wurde, als Genua Pisa in der Schlacht von Meloria besiegte.

Nach der Rückkehr aus der Schlacht fanden sich die genuesischen Schiffe in einem Sturm wieder und einige Fässer mit Öl und Kichererbsenmehl stürzten um und landeten im Salzwasser.

Wegen des Mangels an Vorräten wurde alles gerettet und den Matrosen eine Mischung aus Kichererbsen und Öl serviert, die sie, um diese weniger unangenehm riechend zu machen, in der Sonne trocknen ließen, bis eine Art Pfannkuchen entstand.

An Land perfektionierten die Genueser das provisorische Rezept und machten es zu der Spezialität, die wir heute noch genießen. So verspotteten sie die Besiegten und nannten die Speise das Gold von Pisa.

Zutaten für 3 Backbleche:

- 900 ml Wasser
- 300 g Kichererbsenmehl
- 50 ml Olivenöl extra vergine
- Ca. 10 g Salz
- 70 g natives Olivenöl (zum Fetten der Pfanne)

Zubereitung:

1. Für die Farinata das Kichererbsenmehl in eine Schüssel geben und die klassische Brunnenform herstellen. Dann in die Mitte nach und nach das Wasser mit Raumtemperatur gießen. Alles gut mischen und dabei darauf achten, dass keine Klumpen entstehen. Vermengen bis die Mischung flüssig und homogen ist.
2. Die Schüssel mit Frischhaltefolie abdecken und die Mischung 4-5 Stunden jedoch maximal 10 Stunden außerhalb des Kühlschranks ruhen lassen, dabei von Zeit zu Zeit umrühren. Nach der nötigen Zeit wirst du etwas Schaum auf der Oberfläche bemerken. Mit einem Schöpfwelle entfernen und nun alles nochmals gut durchmischen.
3. 50 ml Öl und das Salz zu der Mischung geben und erneut mischen.
4. Den Backofen auf 220 Grad Umluft vorheizen. Jetzt die drei Backbleche mit dem restlichen Öl einfetten und die Kichererbsenmischung verteilen. Dabei ist darauf zu achten, dass jedes Backblech mit der gleichen Menge an Teig gefüllt wird, um ein gleichmäßiges Garen zu gewährleisten. Jetzt die drei Bleche in den Backofen geben. Nun den Teig für 20-25 Minuten im Ofen backen lassen. Die Farinata ist fertig sobald diese eine schöne goldene Haselnussfarbe hat. Die Farinata aus dem Ofen nehmen, mit etwas Pfeffer bestreuen und heiß genießen.
5. Der Kichererbsenbrei sollte am besten ofenfrisch genossen werden, ist aber im abgedeckten Kühlschrank bis zu 3-4 Tage haltbar. Ich empfehlen dir, es aufzuwärmen, bevor du es wieder servierst.

Primo – Fettuccine mit Pilzen und Trüffleparfüm (Piemont)

Fettuccine con funghi e panna al profumo di tartufo

Willkommen Herbst! Gibt es einen besseren Weg diese Jahreszeit voller warmer, leuchtender Farben und köstlicher Aromen zu feiern, als mit einem guten Teller Tagliatelle mit Pilzen?! Ein erster Gang mit Pasta unter den Klassikern des Herbstes, mit einem intensiven und umhüllenden Geschmack.

Zutaten:

- 350 g Fettuccine (pasta)
- 2-3 Austernpilze
- Etwas Petersilie
- Eine Knoblauchzehe
- 50 g geriebener Hartkäse
- Etwas Trüffelöl
- 1 Würfel Gemüsebrühe
- 40 g Panko Mehl
- 3 Baby Kräuterseitlinge
- 200ml Kochsahne

Zubereitung:

1. In einen großen Topf heißes Wasser füllen und zum Kochen bringen. Salzen und dann die Fettuccine darin für ca. 12 min bissfest garen.
2. In einem Mixbecher 100 ml Wasser mit der Gemüsebrühe verrühren.
3. Austernpilzen schneiden und in circa 1 cm breite Streifen schneiden oder zupfen.
4. Die Kräuterseitlinge vierteln oder halbieren.
5. Den Knoblauch abziehen und eine Zehe fein hacken. Je nach Geschmack auch gerne mehr.
6. Die Petersilie abzupfen und fein hacken.
7. Um die Brösel herzustellen, in einer großen Pfanne 1 EL Öl langsam erhitzen.

8. Das Pankomehl und die Hälfte der gehackten Petersilie sowie eine Prise Salz dazugeben und alles zusammen für ca. 3. Min anrösten, bis die Brösel leicht gebräunt sind.
9. Die fertigen Brösel aus der Pfanne nehmen und in cinc kleine Schlüssel füllen. Jetzt die Pfanne auswischen.
10. In derselben Pfanne 1EL Öl erhitzen, die Pilze hinzufügen und für ca. 3-4 min scharf anbraten, bis diese anfangen sich zu bräunen.
11. Die Pilze umrühren und den gehackten Knoblauch hinzugeben und alles für weitere 2 Minuten erhitzen.
12. Mit der Sahne ablöschen und die vorbereitete Gemüsebrühe hineinrühren und alles für ca. 1-2 Min einkochen lassen. Mit Salz und Pfeffer abschmecken.
13. Die Pasta nach der Garzeit in einem Sieb abgießen und mit in die Pfanne geben. Zusammen mit der restlichen Petersilie und geriebenem Hartkäse unter die Pilze rühren.
14. Die Pasta auf dem Teller verteilen und mit den angebratenen Pilzen so wie mit den Bröseln garnieren und das Trüffelöl nach Belieben darüber träufeln.

Zur Inspiration kannst du gerne meine Bilder zu dem Rezept mittels des QR Codes ansehen. Guten Appetit. Buon appetito.

Secondo – Kartoffelpolenta (Trentino)

Polenta di patate

Kartoffelpolenta ist eine typische Zubereitung einiger Gebiete des Trentino, insbesondere der Täler der Giudicarie. Als neutrales Gericht bietet Polenta auch einen sehr hohen Grad an Individualität und die Möglichkeit, mit allen Geschmacksrichtungen kombiniert zu werden.

Aus dieser Besonderheit sind ganz unterschiedliche regionale Rezepte entstanden, man denke nur an die Polenta nach Valdostana-Art mit geschmolzenem Käse, die Latium-Variante mit Rippchen und Wurst oder die Polenta mit Tintenfisch der regionalen Gastronomie Venetiens.

Im Trentino ist die charakteristischste Zubereitung der Polenta mit Kartoffeln. Um es auf den Tisch zu bringen, wird Mehl aus Storo verwendet, einem Dorf in der Nähe des Idrosees, das für seine Produktion von rotem Weizen berühmt ist. Dieses Mehl wird auch als "das Gold von Storo" bezeichnet und wird unter Berücksichtigung der alten und langsamen Zyklen der Natur hergestellt, die den traditionellen regionalen Gerichten einen einzigartigen und unverfälschten Geschmack garantieren. Ein einfaches und nahrhaftes Gericht für dein Winteressen.

Für die Zubereitung der Trentiner Kartoffelpolenta werden die Kartoffeln in einem Kessel gekocht, dann püriert und zur Polenta gegeben. Die Mischung wird dann nach lokalem Brauch mit einem Sauté aus aromatischen Kräutern namens "Parfüm" parfümiert und schließlich durch Zugabe von Käse aromatisiert.

Nach der Tradition der Giudicarie-Täler ist Spressa, ein fettarmer Käse aus der Region, der aus Wintermilch hergestellt und anschließend gepresst wird, das ideale Produkt, um das Rezept zu verfeinern (daher der Ursprung des Namens).

Die Trentiner Kartoffelpolenta kann jedoch auch mit anderen Käsesorten zubereitet und mit einer Vielzahl von Produkten wie Wurstwaren oder Pilzen angereichert werden. Hier ist das Rezept!

Zutaten für 4 Personen:

- 50 g Kräutermischung (typischer Sauté von Garda und Madonna di Campiglio, bestehend aus gehackten Zwiebeln, sehr wenig Knoblauch, Rosmarin, Thymian und Salbei in Butter gebräunt)

- 100 g Presse, ein fettarmer Käse, der typisch für die Gebiete Pinzolo, Fiavè und die Stadt Roncone ist (alternativ mittelalten Schnittkäse)
- 150 g Maismehl
- 1,5 kg Kartoffeln
- 400 g saubere frische Steinpilze
- eine ganze Knoblauchzehe
- ein Schuss Olivenöl oder ein Stück Butter
- eine Nuance Weißwein
- eine Prise gehackte Petersilie
- Salz und gemahlener Pfeffer

Zubereitung:

1. Die geschälten und gehackten Kartoffeln in einem Topf mit kochendem Wasser kochen lassen.
2. Das Kochwasser abgießen und aufbewahren.
3. In einer Schüssel die Kartoffeln mit einem Kartoffelstampfer zerdrücken, in einen Topf geben und einen Liter Kochwasser der Kartoffeln dazugeben und auf den Herd stellen.
4. Das Maismehl hinzugeben und gut vermischen bis es vollständig eingezogen ist. Jetzt alles weiter kochen lassen.
5. In der Zwischenzeit eine Knoblauchzehe in einer Pfanne anbraten, die in Scheiben geschnittenen Steinpilze dazugeben und mit Weißwein verrühren. Alles mit etwas Salz und dem gemahlenem Pfeffer würzen und 3 bis 4 Minuten bei starker Hitze weiter kochen.
6. Sobald die Pilze gar sind, diese mit gehackter Petersilie bestreuen und warm halten.
7. Wenn die Polenta fertig ist diese vom Herd nehmen, die Kräutermischung und die Pressa hinzufügen. Alles gut verrühren bis es gut gebunden ist.
8. Ein paar Löffel Kartoffelpolenta auf einen Teller geben, mit den gebräunten Steinpilzen bedecken und mit ihrem Kochsaft beträufeln.

Freue dich auf dieses leckere Gericht und falls du magst, schaue dir meine Bilder dazu an.

Contorno – Gemüseeintopf aus der Basilikata

Ciambotta lucana

Ciambotta ist ein typisches Gericht der Basilikata. Es ist ein Gemüseeintopf mit verschiedenen mehr oder weniger reichhaltigen Varianten.

Das Grundrezept basiert auf gewürfelten Paprika, Kartoffeln und Auberginen, welche dann in einer frischen Tomatensauce geschmort werden. Andere Varianten gibt es beispielsweis mit anderem Gemüse, oft auch Zucchini und mit Fleisch. Die Ciambotta muss saftig sein und wird oft zusammen mit Brot oder sogar in einem Brotlaib mit einer knusprigen Kruste serviert.

Zutaten:

- 3 Kartoffeln
- 2 Paprika
- 2 Auberginen
- 300 g Tomaten
- 4 Basilikumblätter
- 1 Knoblauchzehe
- Natives Olivenöl extra
- Salz

Zubereitung:

1. Nimm die Kartoffeln, wasche und schäle diese gut. Nun die Kartoffeln in große Stücke schneiden. Jetzt die Auberginen und Paprika waschen und ebenfalls in große Stücke teilen.
2. Gib jetzt etwas Olivenöl in eine Pfanne und erhitze es. Zuerst die Kartoffeln dazugeben und diese gut anbraten, bis sie eine leichte Kruste gebildet haben. Nehme die Kartoffeln aus der Pfanne und lasse diese auf einem Papiertuch trocknen.
3. Die Auberginen ebenso anbraten und zum Schluss die Paprikaschoten. Wenn du anderes Gemüse wie Zucchini hast, kannst du diese ebenfalls anbraten.
4. Nun in einen Topf ebenfalls einen Schuss Olivenöl extra vergine hinzugeben sowie eine ganze Knoblauchzehe.

5. Den Knoblauch 3 Minuten anbraten und dann die in Stücke geschnittenen frischen Tomaten dazugeben. Die Tomaten kochen, gut mischen und eine Prise Salz und 4-5 Basilikumblätter hinzufügen. Wenn die Tomaten sehr weich sind und eine Sauce bilden, die Paprika, Auberginen und Kartoffeln hinzufügen.
6. Umrühren und 5-6 Minuten weitergaren, damit das Gemüse mit der Tomatensauce gut gewürzt wird und dann abstellen. Die Ciambotta abkühlen lassen.
7. Die Ciambotta schmeckt am besten bei Zimmertemperatur.

Dolce – Seadas aus Sardinien

Seadas sarde

Wenn man über Sardinien spricht, denkt man sofort an seine wilden und unberührten Strände, sein kristallklares Meer, seine aromatischen Kräuter und Sträucher wie Wacholder, Rosmarin und Myrte.

Aber Sardinien ist nicht nur das: Im Laufe der Jahre entstand eine Küche – geprägt von einfachen Gerichten jedoch reich an komplexen Aromen – die die Gaumen der Touristen erobert hat und zu einem Bezugspunkt in der internationalen kulinarischen Szene geworden ist.

Wenn wir über Desserts sprechen wollen, ist das sardische Dessert schlechthin eines: das Seada.

Käse und Honig, eine raffinierte und unwiderstehliche Kombination, die das Erfolgsgeheimnis eines alten sardischen Rezepts enthüllt: Seadas sind die berühmten frittierten Süßigkeiten aus einem Gebäck, mit einem weichen und schmackhaften Kern.

Die Füllung beinhaltet die typischen Aromen der Insel. Der frische Pecorino-Käse mit seinem säuerlichen Geschmack passt perfekt zur Zitronenschale, welche dem Dessert eine frische Note verleiht.

Dieses Rezept durchquert ganz Sardinien und nimmt von Zeit zu Zeit verschiedene Namen an: Sevada, Sabada, Casgiulata, Seada, Sebada, Seatta. Eine Vielzahl von Namen leitet sich vermutlich von dem Wort seu ab, das auf Sardisch für tierisches Fett steht, das noch heute in der Mischung dieser köstlichen Häppchen verwendet wird.

Traditionell werden Seadas heiß serviert und mit lokalem Kastanienhonig, einer Honigsorte mit dunkler Farbe und einem starken, leicht bitteren Geschmack, garniert.

Die sardische Seada stammt aus den rauen und kargen Binnengebieten Sardiniens wie Barbagia, Ogliastra, Gallura und Logudoro.

Ursprünglich war es kein Dessert.

Seadas waren schmackhafte und nahrhafte Einzelgerichte, die die Hirten über einen langen Arbeitstag hin sättigten.

Über die Jahre hinweg veränderte sich das Rezept hin zu einer süßen Variante.

Zutaten (für circa 12 Seadas):

- 70 g Schmalz
- 500 g Hartweizenmehl
- 1 Mittleres Ei
- 250 ml warmes Wasser

Für die Füllung

- 500 g Frischer Pecorino
- 70 ml Wasser
- 1 Zitronenschale
- Kastanienhonig zum garnieren

Zubereitung:

1. Um die Seadas zuzubereiten, beginne mit dem Teig. Zuerst gib das gesiebte Mehl in eine Schüssel und füge das Ei hinzu. Gieße 250 ml lauwarmes Wasser hinzu und verknete alles gut mit den Händen. Alternativ kannst du einen Küchenmaschine verwenden.
2. Füge das Schmalz nach und nach hinzu und knete es weiter, um es zu mischen.
3. Wenn der Teig fest genug ist, auf ein leicht bemehltes Nudelbrett geben und weiterkneten, bis ein glatter und elastischer Teig entsteht.
4. Den Teig mit Frischhaltefolie umwickeln und 30 Minuten ruhen lassen.
5. Bereite in der Zwischenzeit die Käsefüllung zu. Reibe die Schale einer unbehandelten Zitrone ab und lege sie beiseite.
6. Den Pecorino-Käse mit einer Julienne-Reibe mit breiten Löchern reiben und in eine kleine Pfanne geben.
7. Die 70 ml Wasser hinzufügen und bei mittlerer Hitze unter ständigem Rühren schmelzen lassen. Dies dauert etwa 8 bis 10 Minuten.
8. Wenn der Käse geschmolzen ist, würze ihn mit der Zitronenschale.
9. Jetzt die Käsemischung auf ein Schneidebrett geben und mit einem Spatel verteilen.
10. Nachdem der Käse ausgehärtet ist, aus diesem 12 Kreise mit einem runden Teigausstecher (mit einem Durchmesser von ca. 9 cm) ausstechen.

11. Nun kannst du den Teig mit der Hand ausrollen, bis dieser circa 3 mm Dicke hat.
12. Die Käsefüllung in eine Teigschabe geben und mit einer weiteren bedecken.
13. Alles gut mit den Fingern andrücken.
14. Jetzt die Seadas einige Minuten goldbraun frittieren.
15. Alternativ kannst du sie in einem vorgeheizten Ofen bei 180° 15 Minuten lang garen,
16. Garniere die Seadas mit Honig und serviere sie warm.
17. Du kannst die Seadas einfrieren, bevor du sie kochst. Nach dem Kochen ist es besser, sie sofort zu verzehren.

Tipp:

Wenn du nicht den starken und intensiven Geschmack von Kastanienhonig magst, würze sie mit Blütenhonig.
Der verwendete Käse muss unbedingt frisch sein: Normalerweise wird Pecorino verwendet, aber oft auch Provola oder Dolcesardo (typischer Käse aus Sardinien).
Wichtig ist, dass du einen milden Käse wählst.

Liguria

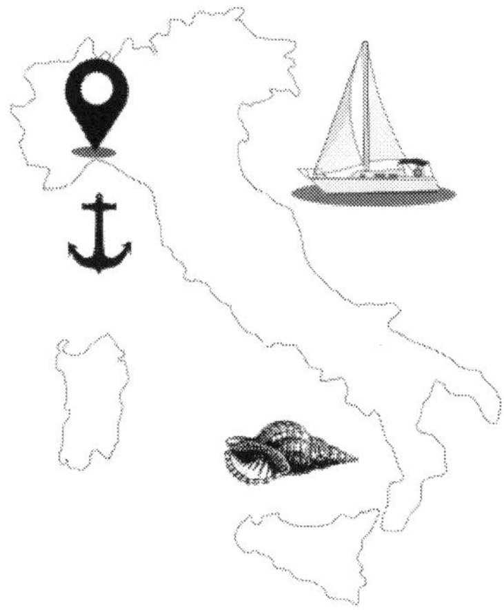

Von der Riviera di Levante bis zur Ponente bietet Ligurien viel Abwechslung und eine einzigartige Natur. Die steilen Straßen, die hochgelegenen Dörfer und die engen und felsigen Strände machen es zu einer der größten und beeidruckendsten Region Italiens, ein Band aus Farben, Natur und Geschichte entlang der alten Via Aurelia.

Ligurien gibt aber auch in den Bergen entlang der Via dei Monti Liguri sein Bestes, von wo aus du gleichzeitig Korsika und Gorgona, Monviso und das Rosa-Massiv bewundern kannst. Wandere in den Hügeln zwischen Olivenbäumen und Weinbergen an der Riviera di Ponente entlang. Man sollte sich in den Gerüchen des Waldes, des Gemüsegartens und des Meeres verlieren und einige der leckersten Speise- und Weinrouten Italiens entdecken.

In der Region gibt es einen Nationalpark, den Cinque Terre, das gleichnamige Meeresschutzgebiet und 9 regionale Naturparks, darunter den von Portofino, Monte Beigua, Aveto und Portovenere. Gallinara Island, Rio Torsero, Bergeggi und Adelasia sind regionale Naturschutzgebiete.

Molise

Trotz des ironischen Hashtags #ilmolisenonesiste (Molise existierte nicht), der um die Welt ging und sogar zu einer eingetragenen Marke geworden ist, existiert Molise und wie!

Es ist eine Region, die reich an Geschichte und natürlicher Schönheit ist, mit Traditionen sehr alten Ursprungs. Ihr Territorium ist zu gleichen Teilen zwischen Bergen und Hügeln aufgeteilt: Das Gelände wird vollständig vom Apennin überquert und fällt mit breiten Wellen in Richtung der engen Ebenen ab, bis es das Meer erreicht.

Von den Gipfeln des Monti della Meta und des Monti del Matese gelangst du in die Frentani-Berge mit abgerundeten Formen und in die Ebenen von Bojano und Venafro, wo die Berge und Hügel allmählich der Ebene und der 40 km langen Küste weichen, der Adria.

Molise ist ein Land, das noch immer touristisch unberührt ist und von Menschen bewohnt wird, die gastfreundlich sind und Touristen willkommen heißen. Hier findet man alles was man braucht.

Das Menü 8:

Antipasto – Süß-saure Zwiebeln (Piemont)

Cipolline in agrodolce

Zwiebeln mit süß-saurem Geschmack sind eine Beilage aus Borettan-Zwiebeln (cipolline borettane), welche für ihren Geschmack bekannt sind. Süß-saure Zwiebeln sind ein großer Klassiker der traditionellen piemontesichen Küche. Diese sind nicht nur köstlich, sondern auch in wenigen Minuten zubereitet und das mit nur vier Zutaten. Diese süß-sauren Zwiebeln sind sowohl warm als auch kalt ideal, vielleicht in Kombination mit mehr oder weniger gewürztem Käse. Aber auch als leckere Vorspeise oder Aperitif werden sie dich begeistern.

Zutaten:

- 600 g Borettan-Zwiebeln
- ½ Glas Weißweinessig
- 1 Esslöffel brauner Zucker
- Natives Olivenöl
- Salz (eventuell aromatisiert)

Zubereitung:

1. Die Zwiebeln putzen und abspülen.
2. Gibdie Zwiebeln mit etwas Öl und Salz in eine Pfanne.
3. Lasse sie bei starker Hitze erwärmen, bis sie golden werden. Dabei sollen diese nicht zu bissfest sein.
4. Mit einem Zahnstocher kannst du die Konsistenz überprüfen. Zucker und Essig hinzufügen und gut vermischen.
5. Den Essig verdunsten lassen und dann den Herd ausschalten.
6. Die Zwiebeln lauwarm servieren.

Buon appetito!

Primo – Trofie Pasta mit Pesto (Ligurien)

Trofie al pesto

Wenn jemand, der einige Zeit in Ligurien verbracht hat, gebeten würde, seine Erfahrungen in einem einzigen Gericht zusammenzufassen, wäre es wahrscheinlich Trofie al Pesto – oder zumindest Pesto-Sauce mit einer anderen Art von Pasta, wie Trenette oder Gnocchi.

Für echtes Genueser Pesto schwören die Einheimischen auf das DOP-Basilikum aus Pra', einem Stadtteil von Genua. Die kurvigen und kleinen bis mittelgroßen Blätter nehmen die Mineralien des Terroirs auf, die sich in der Sauce manifestieren. Auch delikates, natives Olivenöl extra von der ligurischen Riviera und Knoblauch aus Vessalico (Imperia) sind grundlegend, da letzterer milder und bekömmlicher ist. Der Tradition nach wird das Pesto immer in einem Mörser mit einem Stößel von Hand zubereitet.

Trofie ist eine kurzgerollte Pasta, die in Ligurien, insbesondere in und um Genua, zu finden ist. Eigentlich kann man sagen es ist immer die Pasta der Wahl für Pesto.

Man kann dem Rezept auch grüne Bohnen und Kartoffeln hinzufügen. Diese klein hacken und mit der Pasta kochen, um sie dazu in der Pesto-Sauce zu servieren.

Zutaten:

- 350 g Trofie
- 30 g Parmigiano Reggiano (geriebener Parmesankäse)
- 20 g Pecorino sardo (geriebener Pecorino-Käse aus Sardinien)
- 12 g Pinienkerne
- 25 Basilikumblätter
- etwas Knoblauch
- extra virgin Olivenöl
- etwas grobes Salz

Zubereitung:

1. Basilikum waschen und trocknen. Einige Blätter im Mörser zerstoßen und die anderen nach und nach hinzufügen, damit sie leichter zerkleinert werden können. Füge die Pinienkerne nacheinander hinzu. Dann eine in Scheiben geschnittene Knoblauchzehe und eine Prise grobes Salz hinzugeben und alles gut zerdrücken.
2. Den Käse dazugeben und gut vermischen.
3. Gieße 40 ml Öl hinein und verarbeite das Pesto, bis es eine homoge Konsistenz erhält.
4. Die Pasta in kochendem Salzwasser kochen.
5. Das Pesto nun mit einem Esslöffel Kochwasser verdünnen, damit es cremiger wird.
6. Dann die Pasta abgießen und mit dem Pesto würzen und nach Belieben mit ganzen Basilikumblättern und frisch geriebenem Käse garnieren.

Das perfekte Pesto benötigt idealerweise Basilikumblätter aus Pra', extra natives Olivenöl von der ligurischen Riviera. Knoblauch aus Vessalico (Imperia), weniger stark aber bekömmlich. Die Verwendung eines Mörsers und Stößels ist von grundlegender Bedeutung.

Secondo – Rambasicci nach Friaulischer Art (Friaul)

Rambasicci friulani

Der Kohlgeschmack passt perfekt zu Fleisch und Gewürzen: Rambasicci sind köstliche Kohlrouladen, gefüllt mit Schweine- und Rindfleisch.

Ein typisches Gericht der friaulischen Küche, die in ganz Italien für ihren unverfälschten und einnehmenden Geschmack bekannt ist.

Die Zubereitung zu Hause ist ganz einfach, es dauert etwa 40 Minuten. Hier ist das Rezept:

Zutaten:

- 300 Gramm gehacktes Schweinefleisch
- 300 Gramm Rinderhackfleisch
- 25 g Parmesankäse
- 1 Zwiebel
- 1 Esslöffel Semmelbrösel
- 1 Kohl
- Ein Löffel Brühe
- Etwas Olivenöl
- Etwas Butter
- 1 Knoblauchzehe
- Etwa Paprika
- Eine Prise Salz
- Eine Prise Pfeffer

Zubereitung:

1. Tauche die Kohlblätter einige Minuten in kochendes Wasser und trockne sie mit einem Tuch ab.
2. In eine Schüssel die beiden Fleischsorten mit Salz, Knoblauch und Paprika geben. Alles durchmischen und jetzt auf die Kohlblätter geben, aufrollen und mit Zahnstochern befestigen.
3. Die Zwiebel mit Butter und Öl anbraten. Wenn diese sich zu bräunen beginnen, die Kohlrouladen und die Brühe dazugeben, und für 30 Minuten bedeckt kochen lassen.

4. Nach dem Garen die Rambasicci mit Käse und Semmelbröseln bestreuen.

Tipp: Wenn du die Rouladen knuspriger machen möchtest, lege diese für 5 weitere Minuten in den Ofen mit Grillfunktion.

Contorno – Affuniatelle aus Molise

Affuniatelle molisane

Ganz Italien ist eine unerschöpfliche Quelle an Traditionen und Kultur, aber vor allem an Rezepten! Aus Molise kommt ein ausgesprochenes köstliches Rezept, ideal für diejenigen, die gerne experimentieren und gleichzeitig mit der Region verbunden bleiben.

Die Affunniatielle sind ein typisches Gericht aus der Mitte Italiens, das hauptsächlich aus Paprika und Zwiebeln zubereitet wird, die dann schließlich durch das Ei gebunden werden. Ein köstliches Gericht bäuerlicher Herkunft, das du unbedingt probieren musst!

Zutaten:

- 2 grüne und 2 rote Paprika
- 4 Eier
- 4 reife Tomaten
- Molise-Rohwurst (optional)
- 1 Zwiebel
- 4 Basilikumblätter
- 1 Chili
- Natives Olivenöl extra
- Eine Prise Salz

Zubereitung:

1. Wasche und reinige die Paprika, indem du den Stiel und das Innere mit den Kernen entfernst.
2. Schneide sie dann der Länge nach und erhalte viele Streifen daraus.
3. Nimm eine Pfanne, füge reichlich Öl hinzu.
4. Gib jetzt eine fein geschnittene Zwiebel hinein und brate sie zusammen mit einer frischen, in kleine Stücke geschnittenen, entkernten Chilischote an, sodass sie leicht angebräunt ist.
5. Dann die in Streifen geschnittene Paprika hinzufügen und mit dem Anrösten beginnen.
6. Wasche jetzt die Tomaten und schneide sie in Stücke. Während des Garens zu den Paprika geben.
7. Zum Schluss die Basilikumblätter und etwas Salz hinzufügen.
8. Koche alles bei schwacher Hitze, damit die Tomate die Flüssigkeit freisetzt, die den Paprika beim Kochen hilft. Wenn das nicht reicht,

etwas Wasser oder einen Tropfen Weißwein hinzugeben (und verdunsten lassen).

9. In der Zwischenzeit die Eier in eine Schüssel schlagen. Wenn die Paprikaschoten gar sind, gieße das geschlagene Ei in die Pfanne und rühre um, sodass es wie ein Rührei kocht und das Gemüse bindet.

Hier findest du meine Bilder zu dem Rezept.

Dolce – Kleingebäck aus Pistazien (Sizilien)

Pasticcini al pistacchio

Hierbei handelt es sich um ein Rezepte, das schöne Erinnerungen weckt. Es erinnert mich an die Farben und die Düfte meines Landes. Das Grün der Pistazie, aber auch an das Grün der Wassermelonen, der Oliven und viele andere Köstlichkeiten. Es erinnert mich an die Großzügigkeit Siziliens, das auf der ganzen Welt für seine Produkte bekannt ist.

Auf der Halbinsel wird die Pistazie in Sizilien angebaut, genauer gesagt in Bronte, wo sie das DOP-Zeichen erhält. Ein Name, ein Ort, der seit jeher für Güte und Qualität steht.

Die Bronte-Pistazie ist nicht nur für ihren einzigartigen Geschmack bekannt, sondern auch für ihre Farbe und Größe. Diese Eigenschaften machen es zu einer weltweit sehr beliebten Spezialität.

Wenn ich an die Pistazien denke, rieche ich noch die Düfte von Sizilien, die ich während meiner Urlaube auf der Insel genießen konnte.

Wenn du gegen Ende des Sommers in der Nähe von Bronte bist, kannst du an den vielen historischen Festen teilnehmen, bei denen Spezialitäten aus dieser Frucht angeboten werden, die du wirklich nicht verpassen solltest!

Pistazien enthalten viele Vitamine und Mineralstoffe, die für unseren Körper wertvoll sind. Sie werden in vielen Rezepten verwendet, von regionalen bis hin zu klassischen, für süße wie auch herzhafte Gerichte und alle sind unwiderstehlich.

Heute kannst du mit mir ein Pistaziengebäck backen. Dieses ist nicht nur schnell und einfach zubereitet, sondern auch sehr lecker. Zusammen werden wir uralte Aromen und Gerüche in diesem einfachen Rezept mit nur 5 Zutaten herstellen.

Zutaten:

- 150 g Pistazienmehl
- 140 Gramm Zucker
- 1 Eiweiß
- 1 TL Mandelaroma
- Etwas Puderzucker

Zubereitung:

1. Das Eiweiß mit dem Pistazienmehl verrühren.
2. Füge nun den Zucker und das Mandel- (oder Pistazien-) Aroma hinzu. Mische alles mit den Händen. Auf den ersten Blick scheint das Eiweiß wenig zu sein, aber sei geduldig, solange du eine klebrige Masse erhältst.
3. Eine Kugel formen, in Frischhaltefolie wickeln und etwa zehn Minuten im Kühlschrank ruhen lassen.
4. Die Kugel aus dem Kühlschrank holen, um kleine Kügelchen zu formen und dann in Puderzucker wälzen.
5. Den Ofen auf 200° vorheizen und die Kugeln 10 Minuten backen.
6. Jetzt das Pistaziengebäck herausnehmen und diese abkühlen lassen, bevor du sie genießt.

Tipp:

Für die Zubereitung habe ich Pistazienmehl verwendet. Alternativ kannst du sehr fein gehackte Pistazien verwenden. In diesem Fall musst du sie zusammen mit dem Zucker und etwas Mehl (ein halber Esslöffel) im Mixer mahlen.

Veneto

Venetien ist eine Region, die jede Art von Landschaft bietet: Von der maritimen venezianischen Lagune, über sandige Küsten oder unzählige Hügel. Beeidruckende palladianische Villen bis hin zu den imposanten Bergen, die von den majestätischen Gipfeln der Dolomiten dominiert werden aus welchen die Flüsse entspringen, die dann in die venezianische Ebene münden:

Zu den bekanntesten zählen die Etsch, die Brenta, die Piave, die Livenza und natürlich der Po, der sein Delta in der Provinz Rovigo hat.

Venetien umfasst auch das Ostufer des Gardasees, aber es gibt auch andere kleine Seen, die in der Gegend verstreut sind, wie die Seen Cadore, Agordino und Fimon. Zu der naturalistischen Vielfalt kommt die einzigartige Schönheit von Städten wie Venedig oder Verona (bekannt geworden durch die Geschichte von Romeo und Julia von William Shakespeare) oder Padua hinzu, die zusammen jedes Jahr Millionen von Touristen anziehen.

An jedem Ort, von der Stadt bis zu den kleinsten Dörfern, kannst du pure und frische Luft atmen. Populäre Traditionen und regionaler Stolz sind überall spürbar. Es gibt unterschiedlichste Routen das Land zu bereisen und dessen Vielfalt kennenzulernen, sei es über lokale Speisen und Weine bis hin zu kulturellen Sehenswürdigkeiten und sportlichen Aktivitäten.

Venetien ist ein Land zwischen dem Meer und den einzigartigen Landschaften der Alpen. Es ist nicht nur eine der reichsten Regionen der Geschichte dieses wundervollen Landes, sondern auch noch voll von Charme, Natur und Spezialitäten.

Vom romantischen Venedig bis zu Kunststädten, von Sonnenuntergängen über den Dolomiten bis zu den schönsten Stränden sind die Möglichkeiten wirklich endlos.

Venetien ist eine Region, die unschätzbaren Reichtum bietet. Ja, denn Venetien ist nicht nur Verona oder Venedig, sondern bietet auch Schönheiten in den Ebenen, Hügeln, im Meer und in den Bergen, von alten Villen bis hin zu Theatern, von Denkmälern bis zu Kunststätten, von historischen Städten bis zu maritimen Orten und auch Berggebieten. Alle Orte mit unterschiedlichen Eigenschaften, die es jedoch verdienen, mindestens einmal im Leben gesehen zu werden.

Die Aromen der venezianischen Küche sind für mich wie eine Reise zwischen Meer, Seen und Bergen, immer begleitet von einem ausgezeichneten Glas Wein.

Friuli Venezia Giulia

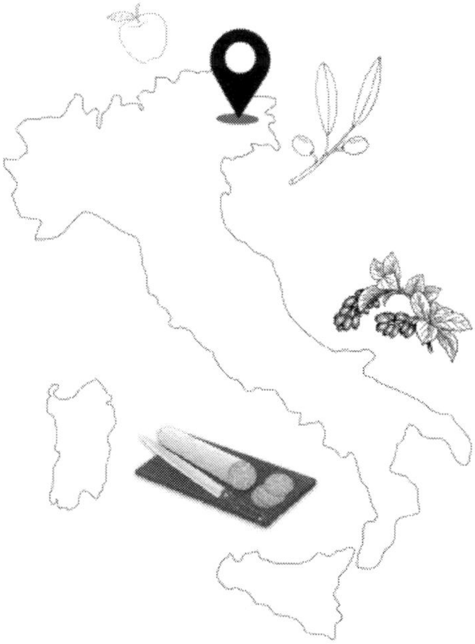

Kontrastreich aber einzigartig harmonisch.

In der Tat ist Friaul Julisch Venetien eine echte Kreuzung: Von Kulturen (italienisch und slawisch) und Landschaften (ein strahlendes Meer und die sehr hohen Dolomiten).

Kontraste in Harmonie miteinander und das macht diese kleine Region voller Wunder aus!

Ein Grenzland, in dem mindestens vier verschiedene Sprachen gesprochen werden (Italienisch, Friaulisch, Deutsch und Slowenisch) und in dem noch mehr Kulturen anzutreffen sind.

Um zu verstehen, was in Friaul-Julisch Venetien zu genießen ist, solltest du zunächst wissen, dass es sich um eine geschichtsträchtige und traditionsreiche Region handelt, in der sich verschiedene ethnische Gruppen zwischen den Alpen und dem Meer, zwischen Osteuropa und dem Westen trafen, eine beispiellose Kulturlandschaft.

Die beliebtesten Städte von Friaul Julisch Venetien (Udine, Görz, Triest und Pordenone) sind sehr unterschiedlich, aber gleichermaßen Symbole dieser Region, Träger von Schönheit und Kunst.

Und was ist besser als Kontraste, um ein Gleichgewicht zu schaffen?

Das Menü 9:

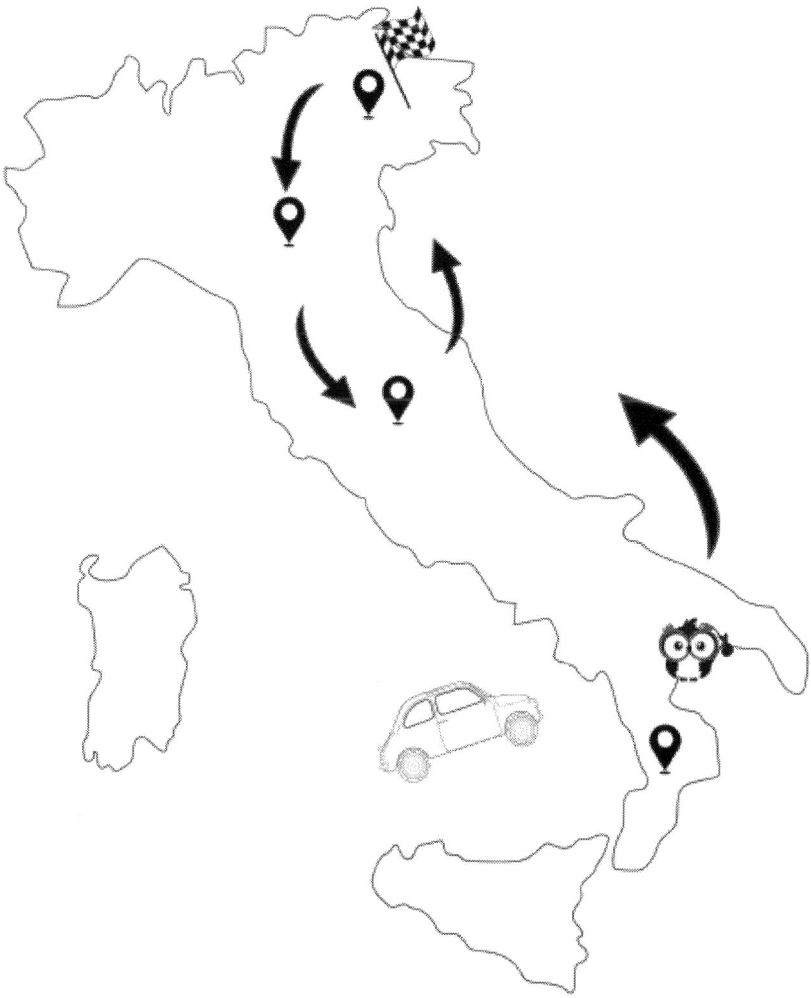

Antipasto – Frittierte Auberginen-Frikadellen (Kalabrien)

Brasciole di melanzane

Kalabrische Auberginen-Braciole, das Original kalabrische Rezept von frittierten Auberginen-Frikadellen, ist eines der typischen Sommerrezepte in Kalabrien.

Und hier verrate ich dir eine wirklich leckere Kombination:

Begleite dieses Gericht mit einem frischen Tomatensalat, angerichtet mit roten Tropea-Zwiebeln oder mit Knoblauch und Oregano.

"Was für ein Genuss" kann ich nur sagen!

Die Zubereitung nach dem kalabrischen Originalrezept ist einfach. Hier lässt man Raum für die Aromen des Gartens: Knoblauch, Petersilie oder Basilikum. Gebratene Auberginen-Frikadellen sind etwas ganz besonders. Probiere sie und du wirst nicht mehr darauf verzichten wollen.

Zutaten:

- 1,5 kg schwarze ovale Auberginen (besser lange)
- 2 Eier
- 2 Scheiben altes Brot
- 1 EL Pecorino (gerieben)
- 1 EL Parmesankäse (gerieben)
- 1-2 EL Semmelbrösel (im Originalrezept nicht enthalten)
- Etwas Petersilie (in einigen Ländern wird Basilikum verwendet) nach Geschmack
- 1 Knoblauchzehe
- Salz nach Geschmack
- Pfeffer nach Bedarf
- Öl nach Geschmack (Sonnenblumenöl, Leinsamenöl, etc.)

Zubereitung:

1. Einen großen Topf halb mit Wasser füllen und zum Kochen bringen.
2. Währenddessen die Aubergine vorbereiten, welche später in dem kochendem Wasser blanchiert wird. Die Aubergine waschen, den Stielansatz entfernen und mit der Schale zuerst in etwa 1 cm dicke Scheiben und dann in Streifen schneiden. Weiche diese in kaltes Wasser ein, damit sie nicht schwarz werden.
3. Sobald das Wasser kocht, lasse sie 5-10 Minuten kochen, bis sie weich sind. Abtropfen und abkühlen lassen. Nicht mit kaltem Wasser abwaschen, denn man will den Geschmack behalten.
4. Nun brauchst du eine große Schüssel. Das Brot in etwas Wasser einweichen, auspressen und in die Schüssel geben. Nun ebenfalls die bereits gekochten, abgekühlten Auberginen sehr gut auspressen und in die Schüssel geben. Dazu die Eier, den sehr fein gehackten Knoblauch, die gehackte Petersilie, den schwarzen Pfeffer, Salz, und den Käse hinzufügen. Käse verwende ich am liebsten sowohl Pecorino, als auch Parmesan. Generell verwendet man in Kalabrien mehr Pecorino, aber dann ist der Geschmack zu stark. Mische am besten die zwei Käsearten.
5. Nun die Mischung mit den Händen bearbeiten und wenn sie zu weich ist, kann man die Konsistenz mit etwas Paniermehl anpassen. Alternativ kann auch etwas Mehl dazugegeben werden. Es ändert sich tatsächlich wenig, also ist dies auch in Ordnung.
6. Jetzt bereite die Auberginen-Frikadellen in einer klassischen länglichen Form zu. Drücke sie gut aus, und keine Sorge, wenn sie etwas zu weich erscheinen, sie müssen nicht so kompakt wie Frikadellen sein. Aber es ist wichtig, dass die Mischung gut bindet.
7. Erhitze nun etwas Öl in einer Pfanne und gib die Frikadellen hinein. Brate diese auf beiden Seiten goldbraun an.

Genieße die Frikadellen mit einem grünen Salat oder mit einem Fenchelsalat.

Primo – Risotto mit rotem Radicchio aus Treviso (Venetien)

Risotto al radicchio rosso di Treviso

Risotto mit rotem Radicchio ist ein schmackhafter und raffinierter erster Gang, wenn auch einfach zuzubereiten. Es ist ein vegetarisches Rezept, das den ganzen Geschmack und die Farbe des Herbstes widerspiegelt.

Es hat einen intensiven Geschmack für ein Risotto, das sich für alle Gelegenheiten eignet, vom Abendessen mit Freunden bis hin zum sonntäglichen Mittagessen mit der Familie.

Zutaten:

- 250 g Carnaroli-Reis
- 200 g roter Radicchio aus frühem Treviso
- 1 Schalotte
- 30 g Butter
- ½ Glas trockener Weißwein
- 40 g geriebener Parmesankäse
- 1 Liter Gemüsebrühe
- Eine Prise Salz
- Etwas weißer Pfeffer

Zubereitung:

1. Beginne mit der Zubereitung des Risottos mit rotem Radicchio, indem du die einzelnen Blätter unter fließendem Wasser gut abwäschst.
2. Jetzt diese zum Trocknen zur Seite legen und dann in Streifen schneiden.
3. 20 g Butter in einem Topf schmelzen und die gehackte Schalotte dazugeben.
4. Alles zusammen mit einer Kelle Brühe einige Minuten leicht köcheln lassen.
5. Füge nun den Reis hinzu und röste ihn zwei Minuten lang in der Sauce an.
6. Wenn der Reis gut geröstet ist, mit dem Wein ablöschen und einkochen lassen.
7. Darauf den Radicchio hinzufügen und gut mischen.

8. Das Risotto 15 Minuten lang kochen und von Zeit zu Zeit eine Schöpfkelle Brühe zugeben, jedoch darauf achten, dass das Risotto nicht komplett im Wasser steht. Der Reis muss die Brühe voll aufgesogen haben, bevor man weitere Brühe hinzugibt.
9. Wenn die Kochzeit fast beendet und der Reis al dente ist, gib noch etwas Salz hinzu und schalte die Herdplatte aus.
10. Füge die restliche Butter, den Parmesan und eine Prise frisch gemahlenen Pfeffer hinzu. Alles gut umrühren, die Pfanne mit einem Deckel verschließen und für 2 bis 3 Minuten ruhen lassen.
11. Verteile jetzt dein Risotto mit rotem Radicchio auf einzelne Teller und serviere ihn warm. Gerne noch mit etwas Parmesan anrichten.

Siehe dir gerne meine Fotos zu diesem Rezept an.

Secondo – Schnitzel aus Bologna (Emilia)

Cotoletta bolognese

Es gibt ein Gericht, das von Nord bis Süd auf alle italienischen Tische passt: das Schnitzel! Paniert und frittiert wie das Mailänder oder gegrillt wie das aus Palermo.

Heute erzähle ich dir über das Bolognese-Kotelett, einen sehr schmackhaften zweiten Gang mit paniertem Kalbsrücken und garniert mit Rohschinken und geriebenem Käse.

Das Bologneser Schnitzel ist ein zweites typisches Fleischgericht der emilianischen Stadt Bologna.

Das Gericht ist auch als Petroniana-Kotelett bekannt und verfügt über einen göttlichen Geschmack. Es ist dabei kein leichtes Gericht, aber eines das diejenigen zum Träumen bringt, die es probieren.

Wie immer bei beliebten und alten Traditionsrezepten, bereitet jede Familie und jeder Koch seine eigene Version zu.

Einige servieren das Bologna-Kotelett mit Tomatensauce. Andere geben es in den Ofen für ein knusprigeres Endergebnis. Besonders reich und duftend ist die Version mit weißen Trüffelflocken, die aus den umliegenden Apenninen stammen und auf vorgegartem Schinken und Käse verteilt werden.

Jede Variante ist kostbar und schmackhaft und trägt dazu bei, die Tradition am Leben zu erhalten.

Zutaten:

- 800 g Kalbskarree (4 Scheiben à 200 g)
- 200 g Semmelbrösel
- 100 g Mehl 405
- 2 Eier mittel
- 50 g Butter
- 300 g Rohschinken
- 170 g Parmigiano Reggiano zum Reiben
- 250 ml Fleischbrühe
- 100 g pürierte Tomaten

Zubereitung:

1. Für das Bologna-Kotelett die Kalbsscheiben mit dem Fleischklopfer leicht verdünnen.
2. Das Fleisch in die verquirlten Eier zusammen mit dem geriebenen Parmesan, Salz, Pfeffer, ein paar Tropfen Zitronensaft und einer Prise Muskatnuss auf einen tiefen Teller geben.
3. Lasse die Scheiben mindestens 30 Minuten bis zu 1 Stunde marinieren und paniere sie dann mit den Semmelbröseln.
4. Wenn du möchtest, kannst du optional eine zweite Panade erhalten, indem du sie erneut in das Ei legst, ohne sie ruhen zu lassen und dann erneut panierst.
5. Das Bologna-Kotelett in Butterschmalz beidseitig anbraten und dann im Anschluss auf Papier trocknen lassen. Als Alternative zu Butter kannst du Öl verwenden.
6. Auf jedes Bologna-Kotelett ein oder zwei Scheiben Rohschinken und Parmesanflocken geben.
7. Lege jetzt die Bologna-Koteletts wieder in die Pfanne mit zwei Esslöffel heißer Fleischbrühe, decke diese mit dem Deckel ab und reduziere die Hitze.
8. Lass die Bologna-Koteletts in der Pfanne bis der Käse leicht geschmolzen ist.

Tipp:

Du kannst das frisch gekochte Bologna-Kotelett 1 Tag in einem luftdichten Behälter im Kühlschrank aufbewahren.

Contorno – Bohnen nach uccelletto Art aus Umbrien

Fagioli all'uccelletto umbri

Bohnen all'uccelletto sind eine vegetarische Beilage, die typisch für die toskanische Küche ist.

Bohnen all'uccelletto sind einfach zuzubereiten und passen zu zahlreichen Geflügelgerichten mit bspw. Hähnchen oder Fasan. Alternativ kannst du sie auch als Einzelgericht mit Brot genießen.

Tatsächlich sind Bohnen für ihren hohen Proteingehalt bekannt, der fast doppelt so hoch ist wie der von Getreide. Aus diesem Grund sind sie ein wichtiges Nahrungsmittel für Menschen, die sich vegetarisch oder vegan ernähren.

Komm mit mir nach Umbrien und genieße dieses Rezept.

Zutaten:

- 600 g frische toskanische Bohnen (oder 300 g getrocknete)
- 3-4 Esslöffel Olivenöl
- 300 g passierte reife Tomaten
- 2 Knoblauchzehen
- 3 frische Salbeiblätter
- frisch gemahlener schwarzer Pfeffer und Salz

Zubereitung:

1. Die Bohnen schälen, waschen und in leicht gesalzenes kaltes Wasser legen.
2. Zum Kochen bringen und kochen lassen.
3. Nun abgießen und warmhalten.
4. Etwas Öl in einer Pfanne erhitzen, Knoblauchzehen, Salbei und noch heiße Bohnen dazugeben.
5. Für 5 Minuten unter stetigem Rühren braten.
6. Passierte Tomaten zugeben, salzen, pfeffern und in einer zugedeckten Pfanne ca. 15 Minuten garen.

Hier findest du meine Bilder zu dem Rezept.

Dolce – Tiramisù

Tiramisù ist eines der bekanntesten und ältesten Rezepte der italienischen Küche. Die Ursprünge des Tiramisus sind nicht bekannt und mindestens vier Regionen streiten sich über seine Herkunft: Piemont, Friuli Venezia Giulia, Toskana und Venetien.

Fest steht, dass das Tiramisu-Rezept mittlerweile weltberühmt geworden ist.

Aber warum heißt Tiramisu so? Um den Namen dieser Süßspeise ranken sich viele Geschichten. Sicher ist nur, dass es sich um ein aus dem venezianischen Dialekt abgeleitetes Wort „tirame su“ (sprichwörtlich übersetzt: „ziehe mich nach oben“) handelt.

Wie der Historiker Giorgio Fantin aus Treviso erklärt, stammt der Name Tiruamisu aus längst vergangenen Tagen, an welchen dieses in einigen Bordellen der Region als Geschenk serviert wurde. Tatsächlich wurde es dank der energetisierenden Zutaten immer als ein Gericht mit belebenden und aphrodisierenden Eigenschaften charakterisiert.

Erfahre jetzt, wie du schnell und einfach ein perfektes Tiramisu zubereiten kannst. Hier ist das klassische Rezept mit Savoiardi (Löffelbiskuits) und Mascarpone.

Zutaten:

- 500 g Mascarpone
- 300 g Löffelbiskuits
- 150 g Zucker
- 6 Stk. Frisches Eigelb
- 4 Espressos
- Etwas bitteres Kakaopulver zum Garnieren

Zubereitung:

1. Zuerst trenne das Eigelb vom Eiweiß und füge das Eigelb dem Zucker hinzu. Schlage es mit einem elektrischen Mixer oder einer Küchenmaschine gut auf, bis die Mischung schäumend ist.
2. Dann die bereits für 5 Minuten aus dem Kühlschrank genommene Mascarpone (um sie weicher zu machen) hinzugeben und mischen.
3. Nun schlage separat in einer anderen Schüssel das Eiweiß steif und gib es dann nach und nach zu den mit dem Zucker geschlagenen Eigelben.

4. Dabei musst du vorsichtig von unten nach oben rühren, um ein Zerfallen zu vermeiden.
5. Jetzt lege eine Schicht Mascarponecreme auf den Boden einer Auflaufform und lege die Löffelbiskuits (schnell von beiden Seiten in kaltem ungesüßtem Kaffee eingeweicht) nebeneinander und bilde die erste Schicht.
6. Die Löffelbiskuits mit der Creme bedecken. Jetzt eine weitere Schicht Löffelbiskuits darauf geben und diese ebenfalls mit der Creme bedecken.
7. Wenn du fertig bist, stelle das Tiramisu für etwa drei Stunden in den Kühlschrank.
8. Zum Abschluss streue vor dem Servieren reichlich bitteren Kakao über die gesamte Oberfläche des Tiramisus.

Lazio

Latium ist eine der Regionen, aus denen unsere italienische Kultur ihren Ursprung hat.

Von den ersten Etruskern von Tuscia bis zur Ankunft von Ulysses und Aeneas an der Riviera von Ulysses.

Latium ist ein Land der Geschichten und Legenden, der Menschen und Helden, aber auch von Städten, zeitversetzten Dörfern, Klöstern, verlassenen Orten und Naturwundern.

Es gibt Flüsse und Bäche, Seen und Vulkane. Dann sind da noch die Berge, die Wasserfälle, die Nationalparks und die Landschaft, die wunderbar reich an historischen Fundstücken, Thermen und etruskischen Gräbern ist.

Untrennbar mit der Stadt Rom und der Geschichte des päpstlichen Staates, bewahrt Latium die Zeugnisse der verschiedenen indogermanischen Bevölkerungsgruppen, die sich dort niedergelassen haben.

Toscana

Hügel und Landschaften mit einem einzigartigen, unvergleichlichen Charme, auf denen die charakteristischen Weinberge und bebauten Felder aufeinander folgen.

Mittelalterliche Dörfer und Burgen. Aber auch Minen, Olivenhaine und Lagunen.

Dies ist die Toskana, eine Region mit tausend Dörfern, eines faszinierender als das andere.

Diese Region ist vielleicht die berühmteste Visitenkarte für die Touristen aus aller Welt.

Wiege der berühmtesten Kunststädte und Künstler mit einer Aura der Magie, in der die Zeit stehen geblieben zu sein scheint.

Es erstreckt sich von den Apuanischen Alpen bis zu den Stränden von Versilia. Beheimatet Kunststädte wie Florenz, Siena, Pisa, Arezzo, aber auch mittelalterliche Dörfer wie San Gimignano und hügelige Landschaften wie das typische Kreta Senesi.

Die künstlerischen und architektonischen Schätze der Toskana, beginnend in Florenz, sind das ideale Urlaubsziel, aber die Natur bietet ebenso viele Wunder. Von den sanften Hügeln des Chianti über den Monte Amiata bis zur Maremma, den Tälern von Garfagnana und den Inseln des Archipels, die zu einem Nationalpark erklärt wurden, ist jede Ecke der Region einen Besuch wert.

Die mittelalterlichen Dörfer mit Türmchen wie San Gimignano, die Küste der Versilia, Kreta Senesi und sogar die Wüste von Accona, die sich von den grünen Hügeln und dem Reichtum des Wassers einer Region mit einem bemerkenswerten thermischen Erbe abhebt, sind nur ein Beispiel der Vielfalt.

Es ist eine Region, die nach und nach entdeckt werden will, um sich in atemberaubenden Landschaften und unvergesslichen Aussichten zu verlieren.

Es ist sicherlich eines dieser Reiseerlebnisse, die jeder mindestens einmal in seinem Leben machen sollte.

Die Toskana ist der Ort, wonach ich suche, wenn ich mich selbst wieder finden muss. Seine Täler und Hügel lassen den Blick weit weg wandern, gefühlt sogar fliegen. Eine Auszeit dort hat mir immer geholfen, meine Gedanken zu sortieren, mich auf meine Prioritäten zu besinnen und klare Gedanken zu sammeln. Darüber hinaus auch zu verstehen, welcher der nächste Schritt sein soll, den ich machen möchte.

Das beste Olivenöl, geschmackvollste Weine, erlesene Trüffel und andere kulinarische Köstlichkeiten prägen das Land: Dies sind nur einige Vorzüge von vielen der toskanischen Gastronomie.

Es ist wie ein Konzert von Aromen und Wissen, zwischen alten Traditionen und neuen Stilen. Authentizität ist die Grundzutat einer mediterranen Küche, einfach und abwechslungsreich, aber vor allem gesund und lecker.

Das Menü 10:

Antipasto – Teigtaschen gefüllt mit Gemüse aus Sardinien

Panada sarda di verdure

Panada ist ein traditionelles regionales Gericht aus Sardinien. Es ist ein Teig gefüllt mit Lammfleisch, Kartoffeln und getrockneten Tomaten. Der Begriff panada, oder Ball im sardischen Dialekt, bezeichnet genau die Teigart oder Konsistenz, die bei der Zubereitung des Teigs entstehen soll: ein runder, glatter und fester Teig.

Es gibt mehrere Variationen von panada: Du kannst Schweinefleisch oder Aal verwenden (wie die alten Fischer es taten), mit Kartoffeln oder Erbsen oder auch als rein vegetarische Version.

Die panada ist ein kleines Bündel aus zwei Teigkreisen, das an den Rändern verbunden wird und eine köstliche Füllung enthält.

Ich möchte mit dir eine Variante teilen, die eine Neuinterpretation der Traditionellen ist, aber dennoch die Authentizität ihrer Aromen und Werte bewahrt hat. In diesem Rezept erkläre ich, wie man eine sardische Gemüsepanada zubereitet, ein veganes Rezept, das die Bedürfnisse aller Gaumen erfüllt.

Zutaten:

- 500 g Hartweizengrieß gemahlen
- 100 g Schmalz (alternativ natives Olivenöl extra, für eine vegane Variante)
- etwas Wasser
- etwas Salz
- 250 g Zucchini
- 150 g Aubergine
- 50 g rote Paprika
- Etwas gehackte Zwiebel
- Etwas gehackte Petersilie

Zubereitung:

1. Um den Teig zu erhalten, füge zu dem Hartweizengrieß das Schmalz (oder natives Olivenöl extra), Wasser und etwas Salz hinzu.

Vermenge die Zutaten bis diese einen Teig ergeben und lasse diesen für 30 Minuten ruhen.

2. Schneide das Gemüse in sehr kleine Stücke und würze dieses mit gehackter Zwiebel und Petersilie. Die gesamte Füllung wird roh in die Panada geben.
3. Den Teig mit einem Nudelholz ausrollen und darauf achten, dass dieser nicht zu dünn wird. Mit einem Teigausstecher Teigscheiben von etwa 7 cm Durchmesser für den Boden und 4 cm Durchmesser für den Deckel formen.
4. Lege die Füllung mit einem Löffel auf die größere Scheibe und die kleinere Scheibe darauf. Verbinde die Teigränder miteinander, sodass eine Teigtasche entsteht.
5. Im vorgeheizten Backofen bei 180 °C für 20/25 Minuten goldbraun backen.

Lass dich von meinen Bildern inspirieren und erfreue dich an diesem vegetarischen Rezept.

Primo – Spaghetti alla Carbonara (Latium)

Der "Vicolo della Scrofa" - die Wildsau-Straße - ist für diejenigen, die Rom kennen, eine der authentischsten und charakteristischsten Straßen Roms. Die erste Carbonara scheint 1944 in einem Restaurant in dieser Straße, daher der Name der Gasse, entstanden zu sein.

Das Ergebnis war der Prototyp der Spaghetti Carbonara: Eier, Speck (oder auch Guanciale) und Käse. Guanciale ist ein aus der Schweinebacke (italienisch guancia) oder dem Schweinenacken hergestellter luftgetrockneter, ungeräucherter Speck aus dem Latium und angrenzenden Regionen Italiens.

Allmählich hat sich das Rezept zu dem entwickelt, das wir heute alle kennen. Wir können es bei wahren (und unersättlichen!) römischen Freunden, in den Trattorien sowie in den Sternerestaurants der Hauptstadt in ganz Italien und im Ausland in unzähligen Varianten genießen. Mit oder ohne Pfeffer, mit einem Eigelb pro Person oder der Zugabe von mindestens einem ganzen Ei, mit Speck oder Guanciale.

Die Carbonara Soße ist in wenigen Minuten zubereitet. Du brauchst nur würzigen Speck in Streifen geschnitten, eine goldene Creme auf Eigelb-Basis (in unserer Version) und viel frisch geriebenen Pecorino.

In seiner Einfachheit und dem Reichtum an Rohstoffen ist das Rezept für Spaghetti Carbonara ein enger Verwandter von zwei anderen Eckpfeilern der echten italienischen Küche: Amatriciana und Gricia! Er zwinkert auch der Pasta alla zozzona zu, einem robusten Gericht, das die besten Grundzubereitungen der Latium-Küche vereint. Tauche mit mir ins beliebte Rom ein und erfahre, wie man cremige Spaghetti Carbonara macht.

Zutaten:

- 320 g Spaghetti
- 150 g Guanciale (Alternativ Speck/Bacon)
- 6 Eigelb
- 50 g Pecorino romano - Käse
- Schwarzer Pfeffer nach Geschmack
- Etwas Salz

Zubereitung:

1. Um Spaghetti Carbonara zuzubereiten, stelle zunächst einen Topf mit Wasser auf den Herd und füge etwas Salz hinzu, wenn das Wasser kocht. Darin werden die Nudeln gekocht. In der Zwischenzeit die Schwarte vom Guanciale entfernen und ihn zuerst in Scheiben und dann in etwa 1 cm dicke Streifen schneiden.
2. Die übrig gebliebene Schwarte kann zum Aromatisieren anderer Gerichte wiederverwendet werden. Die Stücke in eine Pfanne geben und bei mittlerer Hitze etwa 15 Minuten bräunen und dabei aufpassen, dass sie nicht anbrennen, da sonst ein zu starkes Aroma freigesetzt wird.
3. Währenddessen die Spaghetti in das kochende Wasser geben und diese kochen lassen bis sie al dente sind. In der Zwischenzeit das Eigelb in eine Schüssel geben, den Großteil des im Rezept benötigten Pecorinos dazugeben. Der restliche Teil wird zum Garnieren der Nudeln verwendet.
4. Mit schwarzem Pfeffer würzen und alles mit einem Schneebesen verrühren. Füge einen Esslöffel Kochwasser hinzu, um die Mischung zu verdünnen und zu mischen.
5. In der Zwischenzeit wird der Guanciale gegart dann die Herdplatte ausschalten und die Pfanne beiseite stellen.
6. Die Nudeln al dente direkt in die Pfanne mit dem Guanciale geben und kurz schwenken, um sie zu würzen.
7. Jetzt die Ei-Pecorino-Mischung in die Pfanne geben und gut umrühren.
8. Um es sehr cremig zu machen, kannst du bei Bedarf noch etwas Kochwasser aus den Nudeln hinzufügen.
9. Die Spaghetti Carbonara sofort servieren und mit dem übrig gebliebenen Pecorino und gemahlenem schwarzem Pfeffer abschmecken.

Secondo – Schnitzel mit Weißwein und Petersilie (Lombardei)

Scaloppine al vino bianco e prezzemolo

Heute möchte ich dich mit in die Lombardei nehmen, wo ich gelernt habe, wie man Schnitzel mit Weißwein und Petersilie kocht.

Die Schnitzel sind ein typisches Mailänder Zweitgericht, das mittlerweile in ganz Italien und darüber hinaus verbreitet ist. Es ist ein schnelles und einfaches Rezept, das früher hauptsächlich mit großen Anlässen in Verbindung gebracht wurde. Eine typische Zutat für dieses Rezept ist "l'erborin". Der Begriff bedeutet im lombardischen Dialekt Petersilie.

Zutaten:

- 400 g Kalbsrücken (4 Scheiben)
- 100 ml Weißwein
- 80 g Butter
- 70 g Gemüsebrühe
- 10 g Petersilie
- Eine Prise Salz
- Etwa schwarzer Pfeffer

Zubereitung:

1. Um die Schnitzel mit Weißwein und Petersilie zuzubereiten, beginne mit dem Fleisch. Lege es zwischen zwei Blätter Backpapier und klopfe es dann mit einem Fleischklopfer flach.
2. Dann die Scheiben einzeln in eine Schüssel mit Mehl geben und von beiden Seiten darin wälzen. Das überschüssige Mehl abschütteln.
3. Jetzt die Petersilie putzen und klein hacken, jedoch nicht zu fein.
4. Die Butter in einer großen Pfanne schmelzen. Wenn der Boden heiß ist, die Scheiben in die Pfanne geben.
5. Brate diese zuerst auf der einen und dann auf der anderen Seite an.
6. Mische sie dann mit dem Weißwein und lasse den Alkohol vollständig verdunsten, bevor du die Gemüsebrühe hinzufügst.
7. Koche sie noch einige Minuten weiter und schwenke dabei die Pfanne. Auf diese Weise vermischen sich die Flüssigkeiten zu einer köstlichen Emulsion.

8. Nach dem Kochen die gehackte Petersilie hinzufügen, ein letztes Mal anbraten und dann sofort servieren.

Guten Appetit. Buon appetito!

Und wie immer habe ich auch noch ein Bild für dich gemacht.

Contorno – Italienischer Schmortopf aus den Abruzzen

Ciambotta abruzzese

Ciabbotta, Giambotta, Giabotta - es gibt viele Namen und ebenso viele Arten, wie dieses Gericht zubereitet wird.

Was all diese Begriffe jedoch eint, ist die Verwendung hervorragender Rohstoffe bestehend aus heimischen Zucchini, Auberginen, Paprika und Tomaten.

Aber was ist Ciambotta? Um es "auf Französisch" zu sagen, ist es ähnlich wie ein Ratatouille! Ein leicht rustikales Ratatouille vielleicht, aber bestimmt genauso lecker!

Laut einem abruzzesischen Freund wurde es so genannt, weil es "abbotta" ist, das heißt "es füllt aus" und dieses als eine einzige Hauptmahlzeit angesehen werden kann.

Ansonsten eignet es sich hervorragend als Beilage zu Fleisch, als Würze für ein Nudelgericht oder als Füllung für eine herzhafte Torte.

Schauen wir zusammen, wie man dieses Gericht zubereitet.

Zutaten:

Jede Zutat muss das gleiche Gewicht haben, in diesem Fall etwa 200/300 Gramm

- 1 große weiße oder kupferfarbene Zwiebel
- 1 große Aubergine
- 3-4 kleine Paprika in verschiedenen Farben
- 2 Kartoffeln
- 2 mittelgroße Zucchini
- 3 Tomaten
- Etwas Salz
- Natives Olivenöl extra
- Frisches Basilikum

Zubereitung:

1. Das Gemüse in möglichst gleich dicke Scheiben schneiden und würfeln.
2. Extra natives Olivenöl in einer großen Pfanne erhitzen und die Zwiebel sanft anschwitzen, dann heißes Wasser hinzugeben, um diese zu dünsten.
3. Je nach Garzeit von Zeit zu Zeit die verschiedenen Zutaten verrühren: Paprika, Auberginen, Kartoffeln, Zucchini, Tomaten.
4. Wenn du eine Zutat hinzufügst, diese leicht salzen und mit einem Deckel abdecken. Wenn das Gemüse zu braten scheint, füge wieder etwas heißes Wasser hinzu und lasse es bei schwacher Hitze weiterkochen.
5. Je nach Größe des Gemüses ist das Ciambotta in ca. 40 Minuten fertig.
6. Wenn es fast gar ist, füge einige Basilikumblätter und einen Spritzer Olivenöl extra vergine hinzu.
7. Schalte die Hitze aus und lasse die abgedeckte Pfanne für einige Minuten ruhen und serviere es dann.
8. Ich begleite das Ciambotta mit geröstetem hausgemachtem Brot, das mit einem Spritzer nativem Olivenöl extra beträufelt wird.

Dolce – Mandelplätzchen (Toskana)

Cantuccini

Toskaner sind bekanntlich Feinschmecker und für sie darf am Ende des Essens nie ein Dessert fehlen. Bevor sie vom Tisch aufstehen, genießen sie noch einen guten Vin Santo* mit Cantuccini!

(*Vin Santo oder Vino Santo ist ein klassischer Süß- oder Dessertwein aus den italienischen Regionen Toskana, Marken, Umbrien, Emilia-Romagna, Veneto und dem Trentino.)

Cantuccini, auch bekannt unter dem ursprünglichen Namen "Prato-Kekse", gehören zu den beliebtesten und bekanntesten Keksen der Welt: süße Mandelbrote, die im Ganzen gebacken, dann geschnitten und geröstet werden, bis sie knusprig werden und eine schöne goldene Haselnussfarbe bekommen.

Kenner fragen sich seit jeher, was die Geheimnisse dieser ganz besonderen Kekse sind und die Keksfabrik, in der das Originalrezept aufbewahrt wird, ist voller Geheimnisse und Legenden.

Meine Cantuccini schmecken dir hoffentlich genauso gut. Probiere mein Rezept.

Zutaten:

- 180 g Zucker
- 1 Bio-Ei
- 0,5 g Backpulver
- 265 g 405er Mehl
- 110 g Mandeln
- 10 g Marsala oder anderer Likörwein
- Die Schale einer halben Orangen
- 1 Prise Salz
- 30 g Butter bei Raumtemperatur (weich)
- 1 Eigelb

Zubereitung:

1. Um die Cantuccini zuzubereiten, gib zunächst den Zucker in eine Schüssel und füge das Ei mit einer Prise Salz hinzu.
2. Mische alles gut mit einem Spatel. Es ist nicht notwendig zu schlagen, nur die Zuckerkristalle sollten sich gut auflösen.
3. Mische das Mehl und das Backpulver für die Kekse separat in einer anderen Schüssel.
4. Die trockenen Zutaten vermengen und zur Ei-Zucker-Mischung geben. Mische alles und füge jetzt die weiche Butter hinzu. Anschließend mit den Händen die Masse verkneten.
5. Gib jetzt die Mandeln dazu, den Marsalaliquör und die abgeriebenen Schale einer halben unbehandelten Orange.
6. Knete bis alle Zutaten gut in den Teig eingearbeitet sind. Forme dann einen Laib und zerteile diesen in zwei gleich große Teile.
7. Lege die Laibe in ausreichendem Abstand auf eine mit Backpapier bedecktes Backblech.
8. Bestreiche die Laibe mit dem verquirlten Eigelb und backe diese in einem vorgeheizten Ofen bei 200 °C für 20 Minuten.
9. Nimm sie dann aus dem Ofen und lasse sie einige Minuten abkühlen.
10. Dann mit einem Messer mit Wellenschliff den Laib leicht diagonal durchschneiden, sodass Ecken von etwa 1 - 2 cm dicke entstehen.
11. Die Ecken wieder auf das mit Backpapier belegte Backblech legen und im vorgeheizten Ofen bei 160° für weitere 18 Minuten lang backen.
12. Nimm jetzt deine Cantuccini aus dem Ofen und lasse sie abkühlen. Genieße diese Köstlichkeit mit einem leckeren Glas Vin Santo!

Tipp: Cantucci sind lange haltbar: Bewahre sie in einer fest verschlossenen Blechdose auf, fern von Feuchtigkeit, sie halten bis zu 30 Tage!

Haftungsausschluss

Die Umsetzung aller enthaltenen Informationen, Anleitungen und Strategien dieses (E-)Books erfolgt auf eigenes Risiko. Für etwaige Schäden jeglicher Art kann der Autor aus keinem Rechtsgrund eine Haftung übernehmen. Für Schäden materieller oder ideeller Art, die durch die Nutzung oder Nichtnutzung der Informationen bzw. durch die Nutzung fehlerhafter und/oder unvollständiger Informationen verursacht wurden, sind Haftungsansprüche gegen den Autor grundsätzlich ausgeschlossen. Ausgeschlossen sind daher auch jegliche Rechts- und Schadensersatzansprüche. Dieses Werk wurde mit größter Sorgfalt nach bestem Wissen und Gewissen erarbeitet und niedergeschrieben. Für die Aktualität, Vollständigkeit und Qualität der Informationen übernimmt der Autor jedoch keinerlei Gewähr. Auch können Druckfehler und Falschinformationen nicht vollständig ausgeschlossen werden. Für fehlerhafte Angaben vom Autor kann keine juristische Verantwortung sowie Haftung in irgendeiner Form übernommen werden.

Urheberrecht

Impressum

21-08-2022

1. Auflage

Kontakt: Matthias Kronawitter, Schnieglinger Str. 94, 90419 Nürnberg

Printed in Germany
by Amazon Distribution
GmbH, Leipzig

28236393R00088